AF245654

ABRÉGÉ

DE LA

GRAMMAIRE FRANÇAISE

MÉTHODIQUE ET RAISONNÉE,

ADOPTÉE PAR LE CONSEIL DE L'UNIVERSITÉ
POUR LES CLASSES ÉLÉMENTAIRES DES COLLÉGES
ET LES ÉCOLES PRIMAIRES ET NORMALES,

Par A. BONIFACE,

ANCIEN CHEF D'INSTITUTION A PARIS.

SIXIÈME ÉDITION.

PARIS.

IMPRIMERIE ET LIBRAIRIE CLASSIQUES

De JULES DELALAIN,

IMPRIMEUR DE L'UNIVERSITÉ,

RUE DES MATHURINS SAINT-JACQUES, 5.

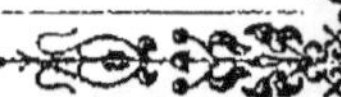

ABRÉGÉ

DE LA

GRAMMAIRE FRANÇAISE.

ABRÉGÉ

DE LA

GRAMMAIRE FRANÇAISE

MÉTHODIQUE ET RAISONNÉE,

ADOPTÉE PAR LE CONSEIL ROYAL DE L'UNIVERSITÉ
POUR LES CLASSES ÉLÉMENTAIRES DES COLLÉGES
ET LES ÉCOLES PRIMAIRES ET NORMALES,

Par A. BONIFACE,

ANCIEN CHEF D'INSTITUTION A PARIS.

SIXIÈME ÉDITION.

PARIS.

IMPRIMERIE ET LIBRAIRIE CLASSIQUES

DE JULES DELALAIN,

IMPRIMEUR DE L'UNIVERSITÉ,

RUE DES MATHURINS SAINT-JACQUES, 5.

M DCCC XLVIII.

PRÉFACE.

Le succès inespéré de ma Grammaire française, dont il s'est vendu dix mille exemplaires, en quatre éditions, m'a engagé à en composer un abrégé à l'usage des classes élémentaires, afin d'y faire concorder l'enseignement grammatical avec celui des classes supérieures pour lesquelles elle est adoptée.

C'est cet opuscule, si vivement attendu, que je publie aujourd'hui, sans craindre de compromettre ma réputation, qui en effet eût peut-être éprouvé quelque atteinte si la Grammaire que, depuis longtemps, on me sollicitait de mettre au jour, n'eût été qu'un simple abrégé.

Cherchant à y rassembler le plus de faits possible, surtout des notions utiles à l'élève, j'ai cru devoir omettre les règles dont il fait naturellement l'application, ainsi que la plupart des difficultés grammaticales sur lesquelles le bon usage est réellement partagé. En effet qu'a-t-il besoin d'apprendre qu'on ne dit pas, *il voit vous, il parle mieux que je,* etc. ; qu'il dise, *elle a l'air bon* ou *bonne ;* qu'il écrive, *des branches d'arbre* ou *d'arbres,* etc. ? cela est assez indifférent, puisqu'à cet égard les auteurs et les grammairiens même ne sont pas d'accord.

C'est au moyen de ces suppressions que j'ai pu donner, dans un ouvrage de peu d'étendue, certains développements nécessaires à l'intelligence des principales règles, qui sont trop succinctement exposées dans la plupart des traités du même genre.

Suivant presque toujours, comme dans ma Grammaire, la méthode si rationnelle des FAITS, je commence par citer un ou plusieurs exemples, où la règle se trouve appliquée, et sur lesquels on doit d'abord appeler l'attention de l'élève, afin qu'il puisse, avec un peu d'aide cependant, en déduire lui-même la règle qui suit, et qu'alors il comprendra d'autant mieux.

Si l'on me reproche un peu d'abstraction ou de métaphysique, je répondrai qu'il n'y a point de véritable Grammaire sans raisonnement ; il s'agit seulement de le mettre, autant que possible, à la portée des jeunes élèves, dont on n'apprécie pas assez l'intelligence, car l'enfant comprend très-bien tout ce qu'on *sait* lui faire comprendre.

Si cette Grammaire tombe entre les mains d'un instituteur qui la fasse apprendre par cœur, leçon par leçon, sans aucune explication préalable, sans aucun exercice préliminaire, elle ne produira aucun fruit immédiat ; autant vaudrait alors revenir à *Lhomond*, qui a du moins l'avantage de la brièveté.

Il faut donc, en général, ne confier à la mémoire des enfants que ce qui a passé par leur intelligence, pour n'en pas faire des *mécaniques à récitation*, et alors ne leur donner une leçon à apprendre, et surtout une leçon de Grammaire, qu'après en avoir fait l'application par des observations, des questions, des exercices (*a*).

Pour ne pas surcharger la mémoire de l'élève de

____

(*a*) Voyez-en le modèle à la fin de cette préface.

notions du second ordre, on ne lui donnera point à apprendre par cœur ce qui est imprimé en petit caractère. L'instituteur peut même, pour un premier degré d'instruction, borner la matière de la leçon à ce qui concerne les faits les plus importants : les alinéas numérotés favorisent beaucoup cette simplification, si on la juge nécessaire.

Quant à ce qui se trouve entre crochets, l'élève ne doit point s'en occuper : ce sont des observations destinées au maître seulement.

J'ai scrupuleusement suivi le plan de ma première Grammaire, à laquelle on pourra recourir pour des développements et des exemples.

On verra que, toujours fidèle au précepte de Boileau, j'ai simplifié quelques règles, quelques explications, rectifié des erreurs, et ajouté même de nouvelles observations, craignant peu d'être taxé de versatilité, dès que l'expérience et la raison m'éclairent.

Je devrais m'arrêter ici..., mais certaine considération d'amour-propre me porte à prévenir un reproche que pourraient m'adresser ceux qui ignorent à quelle époque j'ai publié la première édition de ma Grammaire : c'est en 1829. Depuis ce temps, il en a paru plusieurs dont les auteurs m'ont fait des emprunts plus ou moins importants, et presque tous sans me nommer.

Tout ce que j'y gagnerai (et c'est bien quelque chose), c'est que plusieurs de mes idées en Grammaire, qui ont eu d'abord un certain air d'*étrangeté*, sont aujourd'hui assez généralement admises, grâce au service qu'on m'a rendu en les propageant.

MODÈLE D'UNE LEÇON ORALE PRÉLIMINAIRE (*a*).

On fera lire dans la Grammaire, ou l'on écrira sur le tableau, les phrases suivantes (N° 358) :

Rentrons avant qu'il fasse nuit,
Rentrons avant qu'il ne pleuve,

sur lesquelles on appellera, ainsi qu'il suit, l'attention de l'élève, préparé d'ailleurs à comprendre les questions.

1° Dans chacune de ces phrases, combien y a-t-il de *propositions ?*

2° Quelles sont les *primordiales* (ou principales) ?
Quelles sont les *complétives* (ou secondaires) ?

3° Quelle est l'expression conjonctive qui les lie ?

4° Dans laquelle des deux complétives l'adverbe *ne* est-il employé ?

5° Laquelle de ces propositions présente une chose douteuse, incertaine ?

6° Le *ne* y est-il *dubitatif* ou *négatif* ?

7° Dans quel cas, après *avant que*, la proposition complétive prend-elle le *ne* dubitatif ?

Ici la réponse de l'élève sera à peu près conforme à l'observation qui, dans la Grammaire, suit ces deux exemples ; c'est alors qu'on la lui fera lire et apprendre par cœur. A la vérité la route est plus longue, mais elle est sûre, et le vrai but est atteint.

Si cependant l'application d'exercices analogues présentait trop de difficulté, on pourrait se contenter de faire lire avec soin l'alinéa, et d'adresser quelques questions pour s'assurer s'il a été compris.

(*a*) J'ai choisi une de celles qui présentent le plus de difficultés, soit à cause de la question même, soit à cause des dénominations qui y sont employées.

ABRÉGÉ
DE GRAMMAIRE FRANÇAISE [1].

LIVRE PREMIER,

CONNAISSANCES PRÉLIMINAIRES.

CHAPITRE Iᵉʳ.

NOTIONS MÉTAPHYSIQUES.

1. — Plus un enfant croît en âge, plus les notions, les connaissances qu'il acquiert sont distinctes, plus il a d'IDÉES.

Une idée (a) est donc une notion acquise d'une manière distincte.

2. — Les idées qui, comme celle d'*arbre*, nous viennent par les sens (b), sont dites *idées sensibles*; les autres, comme celles de *Dieu*, de *vertu*, que nous acquérons par certains actes de l'esprit, sont des *idées intellectuelles* ou *morales*.

3. — On communique ses idées par des *gestes* (c), par la *parole* ou par l'*écriture*; chacun de ces moyens de communication s'appelle LANGAGE.

4. — Chaque peuple, pour exprimer ses idées, a des signes particuliers qui sont purement de convention, et qu'on appelle MOTS; ils en constituent la LANGUE.

---

(1) Dans tout le cours de cet ouvrage, le texte en petit caractère pourra n'être point confié à la mémoire des élèves, qui se borneront à le lire.

(a) *Idée* vient d'un mot grec qui signifie *je vois*; c'est en effet le *voir* de l'esprit.

(b) Nous en avons cinq : la *vue*, l'*ouïe*, l'*odorat*, le *goût* et le *toucher*.

(c) Le langage des gestes est particulier aux sourds-muets.

5. — Les mots *éclair* et *brillant* présentent deux idées à l'esprit, qui les compare pour en saisir et en déterminer le rapport.

Cet acte de l'esprit, par lequel il compare deux idées, est la COMPARAISON, dont le résultat, qui est la détermination du rapport entre ces idées, s'appelle JUGEMENT. Si l'on énonce ce jugement par la parole ou par l'écriture, on fait une PROPOSITION : *l'éclair est brillant.*

La mise en rapport des deux idées constitue donc la *comparaison* ; la détermination de ce rapport est le *jugement*, dont l'expression s'appelle *proposition* (a).

6. — Dans cette proposition, *l'éclair est brillant,* le mot *éclair* exprime *l'objet* sur lequel on porte le jugement, c'est le SUJET de la proposition ; *brillant* désigne la qualité attribuée au sujet, c'est l'ATTRIBUT ; et enfin le mot *est* détermine le rapport de l'attribut au sujet, c'est le VERBE.

Une proposition a donc trois parties essentielles : le *sujet*, le *verbe* et l'*attribut.*

7. — Quand on dit, *l'éclair brille,* il y a de même une proposition, quoique les trois parties n'en soient pas distinctement énoncées ; c'est que le mot *brille* comprend le verbe et l'attribut (*est brillant*) ; aussi l'appelle-t-on *verbe attributif.*

Il faut cependant se garder de croire que le verbe attributif soit réellement composé du verbe *être* et de l'attribut, dont il n'est pas même l'expression synonyme, puisqu'il y a une différence essentielle entre *il brille* et *il est brillant, il aime* et *il est aimant,* etc. Toutefois, comme dans *il brille, il aime,* l'objet est représenté comme agissant, on peut en conclure qu'il *est,* qu'il *existe,* et conséquemment que l'idée d'existence, exprimée par le verbe *être,* est comprise dans tout verbe attributif.

(a) Ici le mot *jugement* ne signifie pas *affirmation,* comme on pourrait le croire ; autrement *sois sage, es-tu sage ? que tu sois sage,* ne seraient pas des propositions. La signification grammaticale de *jugement* est donc *détermination d'un rapport quelconque entre deux idées.*

Excepté *être,* tous les verbes sont attributifs.

8. — Quand on dit, *l'éclair qui fend la nue brille et nous éblouit,* on forme une PHRASE.

Une PHRASE est donc composée de plusieurs propositions qui, par leur liaison, concourent à l'expression totale d'une pensée.

9. — Quand une pensée dominante, comme, par exemple, celle de *l'existence de Dieu,* est développée au moyen d'une suite plus ou moins étendue de phrases, elle forme un DISCOURS.

CHAPITRE II.

ÉLÉMENTS DU LANGAGE.

10. — Quand on prononce *a, e, i,* etc., l'air qui s'échappe des poumons devient sonore et fait entendre des voix ou des sons distincts, qui peuvent être plus ou moins prolongés.

Une *voix* ou un *son* est une émission sonore et distincte d'air vocal, et qui est susceptible de prolongement.

11. — Quand on prononce *ba* ou *ab, do* ou *od,* les sons *a* et *o* se trouvent modifiés par certains mouvements des organes de la parole (*a*); ce sont ces espèces de modifications des sons qu'on appelle ARTICULATIONS.

Une ARTICULATION est une modification de son, opérée par le contact ou le mouvement de certains organes de la parole; elle ne peut être distinctement produite qu'au moyen d'un son, comme dans *ba, ab, tu, ut, co, oc,* etc.

12. — Notre langue a treize sons, représentés par les signes suivants :

a, è, é, e, i, o, u, an, in, on, un, eu, ou, et dix-huit articulations, dont les signes sont : *b, c, d, f, g, j, l, m, n, p, r, s, t, v, z, ill, gn, ch* (*b*).

(*a*) Les organes de la parole sont : les *lèvres,* les *dents,* le *palais,* la *langue* et le *gosier.*

(*b*) Comme dans *paille, signe, roche.*

Ces sons et ces articulations sont les éléments du LANGAGE PARLÉ ou de la PAROLE.

13. — Les caractères ou signes destinés à représenter les *sons* ou *voix* s'appellent VOYELLES; ceux des articulations sont les CONSONNES, ainsi nommées parce qu'elles ne *sonnent* distinctement qu'avec les voyelles.

14. — Les voyelles et les consonnes, auxquelles on donne le nom général de LETTRES, sont les éléments du LANGAGE ÉCRIT ou de l'ÉCRITURE, et leur réunion dans un certain ordre établi forme ce qu'on appelle l'ALPHABET.

15. — Quoiqu'en effet il y ait treize sons, on n'admet généralement que six voyelles : *a, e, i, o, u, y*, parce qu'avec ces signes se forment toutes les autres voyelles.

16. — Dans l'alphabet qui est généralement adopté, figurent quelques lettres que nous n'avons pas comprises dans les précédentes, ce sont : *h, k, q, x* et *y*.

1° La lettre *h*, qu'on range communément dans les consonnes, est *nulle* ou *muette*, comme dans h*abit* d'*homme*, etc.; ou *aspirée*, c'est-à-dire *aspérée*, rendue âpre, dure, comme dans h*aine*, h*onte*, h*arpe*, etc.

2° Les lettres *k* et *q*, comme dans *lok*, *coq*, font entendre la même articulation que le *c* du mot *soc*.

3° L'*x* représente une double articulation, *cs* ou *gz*, comme dans *axe*, *exil*.

4° L'*y*, équivalent de l'*i*, s'emploie pour cette lettre, comme dans *style*, ou pour deux *i*, comme dans *moyen*.

17. — Voici les lettres dans l'ordre alphabétique reçu : *a, b, c, d, e, f, g, h, i, j, k, l, m, n, o, p, q, r, s, t, u, v, x, y, z*.

18. — On admet quatre sortes d'*e* :

L'*e* ouvert, comme dans *fête, thèse;*
l'*e* fermé, dans *fétu, thé;*
l'*e* moyen, dans *mère, fer, effet;*
l'*e* muet, dans *que ferais-je?*

L'*e* est nul, comme dans *j'eusse peint un tableau; il*

est euphonique (*a*) comme dans *pigeon*, *il changea, gageure*, etc.

19. — Dans les mots *lui, loi, loin, lieu*, une seule émission de voix fait entendre deux sons distincts, *ui, oa, oin, ieu*; c'est cette réunion intime de deux sons distincts qu'on appelle DIPHTHONGUE.

Il s'ensuit que *oui* est une diphthongue, et que *eau, aie, ain*, n'en sont pas, puisque chacune de ces combinaisons ne fait entendre qu'un son.

20. — Le mot *ami* se prononce en deux émissions de voix, *a-mi*; le mot *amitié* en a trois, *a-mi-tié*; chacune de ces émissions de voix prend le nom de SYLLABE.

Une SYLLABE est formée d'une ou de plusieurs lettres qui se prononcent en une seule émission de voix : *a-mour*.

21. — Un mot d'une syllabe, comme *bon*, est un MONO-SYLLABE; celui de deux, comme *bonté*, est un DISSYLLABE, et l'on appelle POLYSYLLABE tout mot de plusieurs syllabes, comme *amitié, inimitié*.

22. — Du mot *bon*, dérivent les mots *bonté, bonifier, bonnement*, etc.; *bon* est un mot PRIMITIF OU RADICAL, et *bonté* est un mot DÉRIVÉ.

La réunion d'un mot primitif et de ses dérivés présente ce qu'on appelle une FAMILLE de mots.

23. — La manière d'écrire correctement tous les mots d'une langue, considérés soit isolément, comme *maître, aimer, enfant, docile*, soit en rapport les uns avec les autres, comme dans *les maîtres aiment les enfants dociles*, en constitue l'ORTHOGRAPHE, ou, pour mieux dire, l'ORTHOGRAPHIE.

24. — On voit, par ce qui précède, qu'il y a deux sortes d'ORTHOGRAPHE; celle des mots isolés, qui est l'ORTHOGRAPHE ABSOLUE, et celle des mots en rapport les uns avec les autres, qui est l'ORTHOGRAPHE RELATIVE.

Un fréquent usage et certaines règles nous enseignent la première; la Grammaire nous fait connaître la seconde.

____

(*a*) C'est-à-dire *favorable à la prononciation*.

25. — Outre les lettres, on emploie, dans l'écriture, de petits signes appelés SIGNES ORTHOGRAPHIQUES; ce sont :

1° Les *accents* (´ ` ˆ), qui se placent sur les voyelles.

L'*accent aigu* (´) se met sur l'*é* aigu ou fermé, lorsqu'il termine une syllabe : *té-mé-ri-té*.

L'*accent grave* (`) se met sur l'*è* ouvert ou moyen, lorsqu'il termine une syllabe : *aus-tè-re;* ou quand il précède une *s* finale : *près, succès*.

L'*accent circonflexe* (ˆ) se place sur quelques voyelles longues : *pâle, pôle, gîte, flûte* (*a*).

2° L'*apostrophe* (’), qui indique la suppression d'une voyelle, comme dans *l'ami, l'ardeur, s'il m'aime*.

3° La *cédille* (ç), qui donne au *c* le son de l'*s* avant *a, o, u*, comme dans *façade, façon, reçu*.

4° Le *trait d'union* (-), qui joint plusieurs mots pour n'en former qu'un par le sens : *porte-montre, arc-en-ciel*.

5° Le *tréma* (¨), qui sert à séparer deux voyelles que, sans lui, on prononcerait ensemble : *Moïse, Saül, ciguë*. Il se met toujours sur la seconde.

On ne doit pas l'employer quand on peut le remplacer par un autre signe, comme dans *poésie*.

26. — A ces signes on ajoute ceux de PONCTUATION, qui indiquent la division des phrases et les différents repos qu'on y doit observer pour l'intelligence de la pensée, comme le *point* (.), la *virgule* (,), les *deux points* (:), le *point et virgule* (;), le *point d'exclamation* (!), celui *d'interrogation* (?), et les *points suspensifs* (......).

[A la fin de cet ouvrage, nous déterminerons l'emploi de chacun de ces signes de ponctuation.]

CHAPITRE III.

DE LA GRAMMAIRE.

27. — Pour distinguer les différentes espèces de mots, il faut en connaître la classification ; et, pour écrire et parler correctement,

---

(*a*) Il indique presque toujours la suppression de la lettre *s*.

il faut en connaître l'orthographe (23) ainsi que l'emploi et la construction.

28. — La LEXICOLOGIE nous enseigne à classer les mots ; la LEXICOGRAPHIE, à les écrire ; la SYNTAXE, à les employer et à les construire.

29. — La GRAMMAIRE, qui comprend ces trois parties, est donc une science qui nous enseigne à exprimer correctement nos idées par la parole ou par l'écriture.

La science grammaticale est la clef de toutes les autres.

CHAPITRE IV.

IDÉE GÉNÉRALE DE LA LEXICOLOGIE.

30. — Considérés grammaticalement, les mots forment différentes classes que détermine la LEXICOLOGIE, et qu'on appelle PARTIES DU DISCOURS.

31. — Il y a des mots, tels que *mère, livre, bonté*, qui expriment des êtres, des substances animées ou inanimées, corporelles ou incorporelles ; ce sont des SUBSTANTIFS ou *noms de substances*.

32. — D'autres, comme *bonne* et *ma* dans *ma bonne mère*, modifient des substantifs par une idée de qualité ou de détermination ; ce sont des ADJECTIFS, c'est-à-dire des mots *ajoutés* aux substantifs pour les modifier.

33. — D'autres, comme *je, vous, lui*, dans *je vous aime autant que lui*, sont destinés à représenter des substantifs selon leurs rapports dans l'acte de la parole ; ce sont des PRONOMS, c'est-à-dire mots employés *pour les noms*.

34. — Il y a des mots qui, comme *est* dans *l'éclair est brillant*, expriment le rapport de l'attribut au sujet (6), ou qui, comme *brille* dans *l'éclair brille*, comprenant mentalement le verbe et l'attribut, représentent le sujet comme agissant ; ce sont des VERBES. Le mot VERBE signifie *parole* (a) ; en effet cette partie du discours est le

(a) Du latin *verbum*, mot, parole ; c'est ainsi qu'on dit *la Bible*, pour le livre par excellence.

mot par excellence, sans doute à cause de la multiplicité de ses formes.

35. — Ces verbes sont à leur tour modifiés par certains mots, comme dans *il brille beaucoup, peu,* etc., *il brille avec un vif éclat;* si, comme dans le premier cas, la modification est complète, le mot est un surmodificatif complet ou ADVERBE, ainsi qu'on l'appelle généralement; si, au contraire, comme dans le second cas, la modification est incomplète (*il brille avec*), le mot est un surmodificatif incomplet ou PRÉPOSITION, nom qu'on lui donne ordinairement parce qu'il est *préposé* à un mot qui le complète.

Dans *il est très-brillant, peu brillant,* les mots *très* et *peu* modifient l'adjectif *brillant.*

36. — Dans *il brille et il s'éteint,* les deux propositions (5) sont jointes par le mot *et;* ce mot et ses analogues sont des CONJONCTIONS.

37. — Enfin, dans *hélas! elle n'est plus,* le mot *hélas* exprime, en un seul jet, un sentiment subit de l'âme, celui de la douleur; ce mot et ses analogues sont des EXCLAMATIONS OU INTERJECTIONS.

38. — Tous les mots de la langue française pouvant être compris dans les divisions précédentes, on admet généralement huit parties du discours, qui sont :

Le *Substantif,* qui exprime un objet.
L'*Adjectif,* qui qualifie ou détermine le substantif.
Le *Pronom,* qui le remplace.
Le *Verbe,* qui, dans la proposition, exprime le rapport de l'attribut au sujet.
                                              } *mots variables.*
L'*Adverbe,* qui modifie le verbe et l'adjectif d'une manière complète.
La *Préposition,* qui les modifie d'une manière incomplète.
La *Conjonction,* qui sert de lien, de jonction entre les propositions.
L'*Exclamation* ou *Interjection,* qui exprime un sentiment subit de l'âme.
                                              } *mots invariables.*

LIVRE SECOND.

LEXICOLOGIE

OU CLASSIFICATION DES MOTS.

CHAPITRE Ier.

DU SUBSTANTIF.

39. —Tout nom qui exprime une substance animée ou inanimée, comme *chien*, *livre*, corporelle ou incorporelle, comme *arbre*, *bonté*, est un SUBSTANTIF (*a*).

40. — Le substantif *chien* exprime une idée commune à toute une classe d'individus, c'est un *nom générique* ou *commun :* tandis que le substantif *Azor* ne convient qu'à un individu de cette classe; il exprime une idée *propre*, particulière à cet individu, c'est un *nom individuel* ou *propre*.

Le substantif est COMMUN OU PROPRE : *commun*, s'il convient à chaque individu d'une classe, comme *chien*, *cheval*, *homme*, *ville*, *fleuve*, *lac*, etc.; *propre*, s'il ne convient qu'à un individu, comme *Azor*, *Bucéphale*, *Alexandre*, *Bordeaux*, *la Garonne*, *le Léman*, etc.

On doit ranger dans cette dernière classe tout substantif qui, comme *Dieu*, le *soleil*, la *lune*, le *paradis*, l'*enfer*, la *terre*, l'*univers*, etc., exprime un être seul de son espèce.

Cette particularité ou propriété dans le substantif d'exprimer une classe ou un individu, s'appelle ÉTENDUE.

41. — Entre le substantif *homme* et le substantif *femme*, il y a cette différence que le premier désigne un être *mâle* et le second un être *femelle;* cette particularité

(*a*) On donne par extension le nom de *substance* à *bonté*, *douceur*, *vertu*, *Dieu*, etc., parce que ces mots expriment des êtres auxquels peuvent se rattacher diverses qualités dont ils sont en quelque sorte le *soutien : grande bonté, rare douceur, admirable vertu, Dieu puissant.*

dans le substantif s'appelle GENRE; de là deux genres, le *masculin* et le *féminin*.

On a donné par extension, et le plus souvent arbitrairement, le genre masculin et le genre féminin à des substantifs qui, comme le *soleil*, la *lune*, le *tableau*, la *table*, etc., expriment des êtres inanimés et qui conséquemment ne sont d'aucun sexe.

C'est par l'usage seul que l'on connaît le genre de ces mots : il n'est donc pas étonnant d'entendre dire à un étranger : *Donnez-moi* mon *canne* et ma *chapeau*.

42. — Les substantifs *cheval* et *chevaux* diffèrent en ce que le premier n'exprime qu'*un être*, et que le second en désigne *plusieurs*.

Cette différence entre l'*unité* et la *pluralité* s'appelle NOMBRE; de là deux nombres, le *singulier* et le *pluriel*.

43. — Il y a donc trois particularités ou propriétés à distinguer dans le substantif : l'*étendue*, qui indique s'il est commun ou propre; le *genre*, s'il est masculin ou féminin; le *nombre*, s'il est singulier ou pluriel.

44. — Les substantifs *autrui*, *personne*, *rien*, comme dans *ne médis pas d'autrui, ne prends rien à personne*, exprimant chacun vaguement une personne ou une chose, sont appelés SUBSTANTIFS INDÉFINIS; tels sont encore les mots *chacun*, *aucun*, *quelqu'un*, *quiconque* et *on*, que l'on classe aussi dans les pronoms (62).

45. — Les mots *garde-manger*, *porte-drapeau*, et autres expressions composées de plusieurs mots équivalant à un seul, sont dits SUBSTANTIFS COMPOSÉS OU EXPRESSIONS SUBSTANTIVES.

46. — Dans ces propositions : *mentir est honteux; préférez l'utile à l'agréable; vos pourquoi m'embarrassent; elle poussa des hélas*, les mots *mentir*, *utile*, *agréable*, *pourquoi*, *hélas*, sont employés substantivement ou comme des substantifs; ce sont des SUBSTANTIFS ACCIDENTELS, puisqu'ils remplissent accidentellement la fonction de substantif.

CHAPITRE II.

DE L'ADJECTIF.

47. — Dans *ce joli bouquet*, le substantif *bouquet* est modifié par les mots *joli* et *ce* : *joli* en exprime une manière d'être, une qualité, et le mot *ce* en restreint, en *détermine* l'étendue (40).

Tout mot qui *ajoute* au substantif une idée de *qualité*, de manière d'être, comme *joli, laid, malade*, etc., ou de *détermination*, comme *ce, mon, un*, etc., est appelé ADJECTIF.

48. — Il est ADJECTIF QUALIFICATIF s'il exprime une idée de *qualité*, de manière d'être, comme dans *joli jardin, enfant malade*; il est ADJECTIF DÉTERMINATIF si, comme dans *ce jardin, mon livre, quelques enfants*, il restreint plus ou moins l'étendue du substantif.

49. — Dans *ce livre*, à l'idée de détermination l'adjectif *ce* joint celle d'*indication*; c'est un *adjectif déterminatif-démonstratif*, dont les autres formes sont : *cet*, comme dans *cet arbre, cet homme*; *cette*, comme dans *cette fleur*; *ces*, comme dans *ces arbres, ces fleurs*.

On emploie *cet* pour *ce* avant une voyelle ou une *h* muette (16) : *cet enfant, cet honneur*.

50. — Dans *mon livre*, à l'idée de détermination l'adjectif *mon* joint celle de *possession*; c'est un *adjectif déterminatif-possessif*, dont les dérivés sont *ma* pour le féminin singulier (*ma plume*), et *mes* pour le pluriel des deux genre (*mes enfants, mes fleurs*).

Nota. — On dit cependant *mon âme, mon habitude*, d'où l'on voit que *mon* s'emploie pour *ma* avant une voyelle ou une *h* muette; c'est par euphonie (18).

Les adjectifs analogues ou de la même classe sont : *ton, ta, tes; son, sa, ses; notre, nos; votre, vos; leur, leurs*.

51. — Dans *un livre, deux plumes, plusieurs pages*, les adjectifs *un, deux, plusieurs*, à l'idée de détermina-

tion ajoutent celle de *nombre;* ce sont des *adjectifs déterminatifs-numéraux.*

52. — Dans *le livre,* le mot *le* détermine *livre,* quoique d'une manière moins précise que *ce* et *mon;* ce n'en est pas moins un *adjectif déterminatif,* qu'on peut ranger dans la classe précédente (*a*). Son féminin est *la* (*la plume*) et son pluriel *les* (*les arbres*).

Nota.—On dit : *l'arbre, l'homme, l'âme,* pour *le arbre, le homme, la âme,* d'où l'on voit que l'*e* et l'*a* de cet adjectif déterminatif se remplacent par une apostrophe (25) avant une voyelle ou une *h* muette.

53. — On dit au singulier masculin : *la vue du jardin, aller au jardin,* pour *la vue de le jardin, aller à le jardin;* et au pluriel, *la vue des jardins, aller aux champs,* pour *la vue de les jardins, aller à les champs.*

Ces adjectifs *du, au, des, aux,* formés par la *contraction* ou réunion de deux mots en un seul, sont appelés *adjectifs déterminatifs contractés* (*b*).

L'adjectif déterminatif diffère encore de l'adjectif qualificatif en ce qu'il ne se place qu'avant le substantif.

54. — Les mots composés *ivre-mort, clair-semé, vingt-quatre,* etc., comme dans un homme *ivre-mort, des blés clair-semés, vingt-quatre francs,* sont des ADJECTIFS COM-POSÉS OU EXPRESSIONS ADJECTIVES, soit qualificatives, soit déterminatives.

(*a*) Ce mot *le* étant seul de son espèce, ne peut former une classe ou une partie du discours ; la classe à laquelle il paraît le mieux convenir est celle des adjectifs déterminatifs-numéraux, où l'on range aussi les mots *nul, aucun, certain, tout, chaque,* quand ils précèdent immédiatement les substantifs qu'ils modifient, comme dans *nul homme, aucun plaisir, certain jeu, tout fruit, chaque enfant.*

(*b*) On a d'abord dit *à le jardin,* comme on dit *à la cour,* puis *al jardin,* et enfin *au jardin; de le* et *del* ont de même formé *du,* et *de les* a formé *des.*

CHAPITRE III.

DU PRONOM.

55. — Dans ces propositions, *je chante, tu chantes, il chante,* les mots *je, tu, il,* remplacent le nom d'une personne, comme Paul, par exemple, et la désignent en outre comme ayant trois relations différentes à l'acte de la parole : par le mot *je,* Paul est désigné comme *l'être qui parle;* par le mot *tu,* comme *l'être à qui l'on parle;* et par le mot *il,* comme *l'être dont on parle.*

56. — Ces trois relations à l'acte de la parole prennent en grammaire le nom de *personnes,* c'est-à-dire *personnages* ou rôles qu'on joue dans le discours; de là il n'y a que trois personnes : la première est celle qui parle, la deuxième celle à qui l'on parle, et la troisième celle dont on parle. Pour le pluriel, *je* est remplacé par *nous* ; *tu,* par *vous* ; *il, elle,* par *ils, elles.*

57. — Dans *Dieu me voit, il veille sur moi* ; *je te connais, je vais à toi, je le vois, je la connais, je lui parle, il ne s'occupe que de soi;* et dans *je les aime, je leur obéis, je pense à eux,* ces mots *me, moi, te, toi, le, la, lui, soi* et *les, leur, eux,* expriment aussi les trois personnes, soit au singulier, soit au pluriel.

Tous ces mots, représentant des êtres comme remplissant un des trois rôles dans l'acte de la parole, sont appelés PRONOMS, c'est-à-dire mots employés *pour* les *noms.*

58. — Le PRONOM est un mot qui, employé pour un substantif, en désigne la fonction dans l'acte de la parole. C'est sous ce double rapport qu'il faut toujours le considérer.

59. — Si, comme dans *je chante,* le pronom est *sujet* du verbe (6), on le nomme SUBJECTIF; s'il sert de *complément* à un verbe ou à une préposition (35), comme dans *Dieu me voit, il veille sur moi,* il est dit COMPLÉTIF; tout pronom se range dans l'une ou l'autre de ces deux classes.

Outre ces deux caractères généraux, le pronom en a quelques-uns de particuliers.

60. — Si, comme dans *Dieu, qui me voit, me protège;*

Dieu, que j'aime, me consolera, le pronom sert de lien, de *jonction* entre deux propositions, il est CONJONCTIF. Dans l'exemple ci-dessus, le pronom *qui* est *subjectif-conjonctif;* et *que, complétif-conjonctif.*

61. — Si, comme dans *cela me plaît, prenez ceci,* le pronom réveille une idée d'indication, sert à *montrer,* il est DÉMONSTRATIF.

62. — Enfin si, comme dans *on ne pense qu'à soi,* le pronom désigne un être d'une manière indéterminée, c'est un pronom INDÉFINI.

Il y a donc deux sortes générales de pronoms : les SUBJECTIFS et les COMPLÉTIFS, parmi lesquels on distingue les *conjonctifs,* les *démonstratifs* et les *indéfinis* (a).

TABLEAU DES PRONOMS.

SUBJECTIFS.	COMPLÉTIFS.
Je, moi (b); *tu, toi; il, elle, lui, on; nous, vous, ils, elles, eux.*	*me, moi; te, toi; le, la, lui, elle, se, soi; nous, vous, les, leur; eux, elles.*
CONJONCTIFS. *Qui, lequel, laquelle; lesquels, lesquelles.*	*Que, dont, duquel, de laquelle, auquel, desquels, desquelles, auxquels, auxquelles, où.*
DÉMONSTRATIFS. *Cela, ceci, ce, celui, celle, ceux, celles.*	Les mêmes, *y* (signifiant à *cela, à lui, à elle*), *en* (signifiant *de cela, de lui, d'elle*).
INDÉFINIS. *On, quiconque, chacun, aucun, personne, rien* (c).	*Se, soi, quiconque, chacun, aucun, personne, rien.*

(a) La *personnalité* et la *relation* étant les caractères essentiels des pronoms, on ne peut raisonnablement les diviser en *personnels* et en *relatifs.*

(b) Comme dans *tu es plus heureux que moi,* c'est-à-dire, *que je ne suis heureux.*

(c) On leur donne aussi le nom de *substantifs indéfinis* (44).

63. — Quand plusieurs mots remplissent les fonctions d'un pronom comme *celui-ci*, *le mien*, *qui que ce soit*, ce sont des EXPRESSIONS PRONOMINALES.

CHAPITRE IV.

DU VERBE.

§ 1. DÉFINITION.

64. — Nous avons vu (6, 7) que dans *l'éclair* EST *brillant*, le mot *est*, qui met en rapport l'attribut avec le sujet, s'appelle VERBE; que dans *l'éclair* BRILLE, le mot *brille* comprenant, du moins mentalement, le verbe et l'attribut, est un verbe *attributif*, et enfin qu'excepté *être*, tous les verbes sont attributifs.

65. [— On dit :

1° Selon la personne et le nombre du sujet: *je suis, tu es, il est, nous sommes, vous êtes, ils sont.*

2° Selon la manière ou le mode dont on présente l'existence : *tu es sage, es-tu sage? sois sage, il faut que tu sois sage, être sage.*

3° Selon l'époque ou le temps auquel on la rapporte : *je fus sage, je suis sage, je serai sage.*

De ces faits il résulte que le verbe varie de forme selon la *personne*, le *nombre*, le *mode* et le *temps*, ce qui caractérise tout spécialement cette partie du discours.]

66. — Le VERBE est un mot qui exprime ou le rapport de l'attribut au sujet (*l'éclair est brillant*), ou qui comprend ces deux parties de la proposition (*l'éclair brille*); dans le premier cas il exprime l'existence, et dans le second l'action, et il varie généralement selon la personne, le nombre, le mode et le temps.

§ 2. DIFFÉRENTES ESPÈCES DE VERBES.

67. — Entre les verbes de ces deux propositions, *Paul* FRAPPE *Emile*, et *Emile* PLEURE, il y a cette différence que *frappe* exprime une action *transitive*, c'est-à-dire qui *passe au delà* du sujet et qui tombe directement sur un objet, et que *pleure* exprime au contraire une action *intransitive*, c'est-à-dire qui *ne sort pas* du sujet.

De là résulte la division générale des verbes en *transitifs* et en *intransitifs*.

Nota. — Ce sont les premiers qu'on appelle ordinairement *verbes actifs*, et les seconds *verbes neutres*; mais ces deux dénominations sont impropres.

68. — Quand on dit : *Pauline se mire, elle se plaît*, l'action faite par le sujet se *réfléchit* ou retombe sur lui directement ou indirectement; c'est alors que le verbe est dit RÉFLÉCHI.

69. — Dans *il pleut, il arrive du monde*, le pronom *il* ne désignant *aucune personne*, aucun être déterminé, le verbe dont il est le sujet s'appelle VERBE IMPERSONNEL.

On lui donne aussi le nom d'UNIPERSONNEL.

70. — Enoncer dans un ordre déterminé toutes les formes d'un verbe, c'est le CONJUGUER : sa CONJUGAISON est donc la réunion complète de ses différentes formes, laquelle sert alors de type à tous les verbes analogues.

71. — Un verbe est RÉGULIER s'il est entièrement conforme au type de sa conjugaison; dans le cas contraire, il est IRRÉGULIER.

72. — Il est DÉFECTUEUX s'il lui manque une ou plusieurs de ses formes.

73. — Quand les verbes *être* et *avoir*, comme dans *je me suis blessé, on m'a pansé*, aident à conjuguer les autres verbes dans leurs formes composées, on les appelle verbes AUXILIAIRES.

§ 3. DES COMPLÉMENTS DU VERBE.

74. — Quand on dit, *je donnerai ce livre*, le verbe est *complété* par *ce livre:* je donnerai *quoi? ce livre.* Cette partie de phrase est alors appelée COMPLÉMENT OU RÉGIME du verbe.

Le verbe a deux autres espèces de compléments, comme dans *je le donnerai à mon frère, je le donnerai dans quelques jours;* nous allons en déterminer la différence.

75. — Dans *Paul frappe Emile, j'aime la musique*, les substantifs *Emile* et *musique* sont compléments , le premier du verbe *frappe*, le sécond du verbe *aime* : Paul frappe *qui? Emile*. J'aime *quoi? la musique*.

Tout complément ou régime du verbe attributif qui répond à la question *qui?* ou *quoi?* faite après ce verbe, en est le COMPLÉMENT DIRECT. Ex. : *Dieu récompense le juste, il punit le crime, il me voit*.

76. — Dans *il nuit à son ami, il pense à votre affaire, il parle de vous, toutes choses ont été créées par Dieu*, les compléments répondent aux questions *à qui? à quoi? de qui? par qui?*

Tout complément d'un verbe est INDIRECT, s'il répond à l'une des questions *à qui? à quoi? de qui? de quoi? par qui? par quoi?* Ex. : *Il succède à son père, la nuit succède au jour, je me plains de vous, je parle de votre affaire, il fut tué par un cheval*.

77. — Dans *il parle sagement, il viendra ce soir ici pour vous voir*, les compléments des verbes *parle, viendra*, les modifient par des idées de manière, de temps, de lieu , de motif ; ces compléments et leurs analogues sont appelés COMPLÉMENTS ADVERBIAUX, parce que ce sont généralement des adverbes ou des expressions équivalentes (35).

Le complément adverbial répond à toute question autre que celle du complément direct et du complément indirect. Les principales sont : *quand? comment? où? d'où? par où? pourquoi?* Ex. : *Je partirai demain par la diligence, j'irai à Lyon pour affaire*.

§ 4. DES MODES.

78. — Dans ÊTRE *sage*, BÉNIR *son sort, tu* ES *sage, tu* BÉNIS *ton sort*, ES-*tu sage?* BÉNIS *ton sort*, l'existence et l'action sont présentées sous divers points de vue ; ces différentes *manières* de présenter l'existence ou l'action s'appellent MODES.

79. — Dans ÊTRE *sage* l'existence est présentée d'une

manière indéfinie, sans aucun rapport à la personne, au nombre et au temps, tandis que dans *je* SUIS *sage*, ces différents rapports sont déterminés ; de là deux modes généraux, l'INDÉFINI et le DÉFINI. Voici les subdivisions de ce dernier.

1° Quand on dit : *je* SUIS *sage, je ne le* SUIS *pas, je le* SERAIS, le verbe est présenté d'une manière *affirmative ;* le mode est AFFIRMATIF (ordinairement appelé INDICATIF) : on affirme positivement, comme dans *je suis ;* négativement, comme dans *je ne suis pas ;* et conditionnellement, comme dans *je serais.*

2° Dans SUIS-*je sage?* on interroge, le mode est INTERROGATIF.

3° Dans SOIS *sage,* on prie ou l'on commande, c'est le mode IMPÉRATIF.

4° Quand on dit : *il faut que tu* SOIS *sage,* le verbe est présenté comme essentiellement *subordonné, subjoint* à un autre, il est au mode SUBJONCTIF.

Le mode défini se subdivise donc en quatre autres modes secondaires : l'AFFIRMATIF OU INDICATIF, l'INTERROGATIF, l'IMPÉRATIF et le SUBJONCTIF.

§ 5. DES TEMPS.

80. — La durée peut être considérée sous trois points de vue : le moment de la parole, instant indivisible, c'est le PRÉSENT ; tout ce qui a précédé cet instant est le PASSÉ ; tout ce qui le suivra appartient au FUTUR.

Le présent n'est en quelque sorte qu'un point entre les deux autres temps.

Cette *division de la durée* est ce qu'on appelle proprement TEMPS. Il y a donc trois temps principaux : le PASSÉ, le PRÉSENT et le FUTUR.

Je parle est au *Présent, je parlai* ou *j'ai parlé,* au *Passé,* et *je parlerai,* au *Futur.*

81. — Quand on dit : *je chantais, lorsque tu dansais ; tu croyais que je chanterais ; je n'en ai rien fait ; j'avais chanté quand tu es arrivé ; j'aurais chanté, si l'on m'en*

avait prié; *j'aurai mal chanté, puisqu'on ne m'a pas applaudi*, le verbe *chanter* est employé au PASSÉ, mais ce temps se présente avec des modifications accessoires de *simultanéité*, de *postériorité*, d'*antériorité*, de *condition* et de *doute*. De là le Passé est *simultané, postérieur, antérieur, conditionnel* ou *dubitatif*.

Dans *j'ai chanté*, il est *indéfini*; et dans *je chantai hier*, il est *défini*, parce que le temps est déterminé, circonscrit, et que cette forme ne s'emploie que pour une période de temps entièrement écoulée.

82. — On dit aussi : *j'eus chanté*, comme dans *dès que j'eus chanté, j'entendis des applaudissements;* c'est un *passé antérieur immédiat*, tandis que *j'avais chanté, quand vous arrivâtes*, présente un *passé antérieur médiat*, puisqu'il y a un espace de temps entre les deux actions.

83. — Le *Présent* et le *Futur* sont aussi susceptibles de diverses modifications, comme dans *je chanterais, si je n'étais pas enrhumé, je chanterais demain;* c'est le *Présent* et le *Futur conditionnels; j'aurai chanté, quand vous arriverez*, c'est le *Futur antérieur* (a).

84. — Au mode *subjonctif* les mêmes temps se représentent sous d'autres formes : pour le *Passé: je doute que tu chantasses bien, que tu aies chanté, que tu eusses chanté;* pour le *Présent: j'aime à voir que tu chantes, je voudrais que tu chantasses;* pour le *Futur : il faudra que tu chantes, il faudrait que tu chantasses demain, je crains que tu n'aies chanté quand j'arriverai.*

85. — A l'*Impératif* il n'y a que le *Futur simple : chante*, et le *Futur antérieur : aie chanté*.

86. — Les temps ou plutôt les formes du mode *indéfini* sont :

1° L'INFINITIF, comme *aimer, fuir, savoir, lire*.

(a) Ces nouvelles dénominations des temps sont d'autant plus essentielles, qu'elles en sont les définitions mêmes, et qu'elles en facilitent l'emploi, comme on le verra au chapitre de la Syntaxe (sect. v).

Il se termine par *er, ir, oir* ou *re ;* de là les verbes se divisent en quatre conjugaisons, selon chacune de ces terminaisons.

Les temps de l'Infinitif, sont pour le PASSÉ, *avoir chanté, ayant chanté,* et pour le FUTUR, *devant chanter.*

2° Le PARTICIPE PRÉSENT, comme *chantant ;* il est toujours terminé en *ant.*

3° Le PARTICIPE PASSÉ, comme *chanté,* il a différentes terminaisons : chant*é*, fin*i*, condui*t*, promi*s*, clo*s*, l*u*.

Le *Participe* est ainsi nommé parce qu'il participe soit de la nature du verbe, soit de la nature de l'adjectif, et quelquefois des deux ensemble (*a*).

87. — On voit que les différents temps s'expriment par des formes simples, comme *je chante, je chantai, je chanterai, je chanterais, que je chantasse,* ou par des formes composées : *j'ai chanté, j'avais chanté, que j'aie chanté,* et ce sont ces *expressions verbales* qu'on appelle par extension TEMPS COMPOSÉS.

88. — On donne généralement le nom d'*Imparfait* aux formes suivantes : *je chantais, que je chantasse ;* de *Conditionnel* à *je chanterais,* et de *Plus-que-parfait* à *j'avais chanté, que j'eusse chanté.* Ces dénominations sont peu rationnelles.

(*a*) Le *Participe,* non plus que le *Conditionnel,* n'est pas un mode principal : le premier dépend de l'*Indéfini* et le second de l'*Affirmatif.*

89. — TABLEAU DES TEMPS DES VERBES.

MODE AFFIRMATIF OU INDICATIF.

1. Présent simple, *je chante.*
2. Présent conditionnel, *je chanterais.*
3. Passé indéfini, *j'ai chanté.*
4. Passé défini, *je chantai.*
5. Passé simultané, *je chantais.*
6. Passé postérieur, *je chanterais.*
7. Passé antérieur médiat, *j'avais chanté.*
8. Passé antérieur immédiat, *j'eus chanté.*
9. Passé conditionnel, *j'aurais chanté.*
10. Passé dubitatif, *j'aurai chanté.*
11. Futur simple, *je chanterai.*
12. Futur conditionnel, *je chanterais.*
13. Futur antérieur, *j'aurai chanté.*
14. Futur antérieur conditionnel, *j'aurais chanté.*

MODE IMPÉRATIF.

15. Futur simple, *chante.*
16. Futur antérieur, *aie chanté.*

MODE SUBJONCTIF.

17. Présent simple, *que je chante.*
18. Présent conditionnel, *que je chantasse.*
19. Passé défini, *id.*
20. Passé simultané, *id.*
21. Passé postérieur, *id.*
22. Passé indéfini, *que j'aie chanté.*
23. Passé antérieur, *que j'eusse chanté.*
24. Passé conditionnel, *id.*
25. Futur simple, *que je chante.*
26. Futur conditionnel, *que je chantasse.*
27. Futur antérieur, *que j'aie chanté.*
28. Futur antérieur conditionnel, *que j'eusse chanté.*

MODE INDÉFINI.

29. Infinitif, *chanter.*
30. Passé, *avoir chanté, ayant chanté.*
31. Futur, *devant chanter.*
32. Participe présent, *chantant.*
33. Participe passé, *chanté.*

CHAPITRE V.

DES INVARIABLES.

§ 1. DE L'ADVERBE.

0. — Dans *il parle* sagement, *il est* dangereusement *malade*, es mots *sagement, dangereusement*, modifient d'une manière complète, c'est-à-dire sans le secours d'aucun autre mot, le premier, le verbe *parle*, et le second, l'adjectif *malade*; ces mots et autres modificatifs complets de verbes et d'adjectifs sont des ADVERBES, ainsi nommés parce qu'ils sont généralement *joints aux verbes* pour les modifier.

L'adverbe ajoute quelquefois à la signification d'un autre adverbe, comme dans *il est très-dangereusement malade, il est assez bien fait.*

91. — L'ADVERBE est un mot invariable qui modifie d'une manière complète le verbe, l'adjectif et même un autre adverbe.

Les propositions suivantes renferment des adverbes : *Elle chante agréablement, allez ailleurs, ils arriveront aujourd'hui, je l'ai dit aussi, comment vous portez-vous ? nous sortirons ensemble, elle est bien malade, il est déjà sorti, qu'il est joli!.... etc.*

§ 2. DE LA PRÉPOSITION.

92. — Dans *il parle avec sagesse, il est affable envers tout le monde,* les mots *avec* et *envers* modifient, l'un le verbe *parler*; l'autre l'adjectif *affable* (*il parle avec, il est affable envers*); mais cette modification est incomplète, elle ne forme pas tout le complément du verbe ou de l'adjectif; elle a essentiellement besoin d'être suivie d'un ou de plusieurs mots qui en complètent le sens ; ces mots *avec, envers,* et autres modificatifs incomplets de verbes et d'adjectifs, sont appelés PRÉPOSITIONS.

93. — La PRÉPOSITION est un mot invariable qui modifie le verbe et l'adjectif d'une manière incomplète, ce qui la distingue de l'adverbe. Elle est ainsi nommée parce qu'elle est toujours *préposée* à son complément.

Par ellipse (a) ou par extension, la préposition complète aussi un substantif, comme dans, *habit* à *la mode, robe* d'*enfant*, etc.

§ 3. DE LA CONJONCTION.

94. — Quand on dit: *Je serai heureux, si tu l'es,* le mot *si* met en rapport deux propositions (5); il leur sert de lien ou de *jonction :* c'est une CONJONCTION.

95. — La CONJONCTION est un mot invariable qui exprime un rapport entre deux propositions ou entre deux mots ou deux parties de phrase.

La conjonction joint aussi des mots similaires, comme dans *il est riche* et *généreux, l'or* et *le fer sont précieux.*

§ 4. DE L'EXCLAMATION OU INTERJECTION.

96. — Quand on dit : *hélas ! il n'existe plus ; ha ! vous voilà ! chut ! on vient,* ces mots *hélas ! ha ! chut !* expriment, comme en un seul jet, certains mouvements subits de l'âme ; ce sont des EXCLAMATIONS OU INTERJECTIONS.

97. — L'EXCLAMATION OU INTERJECTION est un mot invariable qui exprime un mouvement subit de l'âme ; c'est une expression rapide d'un sentiment.

98. — OBSERVATIONS : 1° Il y a des *expressions* ADVER- BIALES, comme *en même temps,* etc.; PRÉPOSITIVES, comme *à côté de ;* CONJONCTIVES, comme *parce que,* etc.; EXCLA- MATIVES, comme *hé bien !* etc.

99. — 2° Quelques mots, tels que *voici, voilà, adieu, bonjour, oui, non, soit, si* (affirmation familière), ne peuvent être compris dans aucune des parties du dis- cours : ce sont des expressions elliptiques, des mots à décomposer, comme *voici* (vois ici), *adieu* (je vous re- commande *à Dieu*), etc.

(a) Suppression d'un ou de plusieurs mots.

Phrases dans chacune desquelles se trouvent, à l'exception de l'exclamation, toutes les parties du discours.

Une bonne éducation est la source d'une vie vertueuse ; de sages maîtres soutiennent la faible jeunesse par de bonnes leçons et des avis prudents ; ce sont des appuis qu'ils offrent à ces jeunes plantes encore délicates, pour les préparer à produire de bonnes mœurs et des vertus.

L'étude est un sûr moyen d'éviter l'ennui ; avec elle le temps passe vite ; elle nous empêche d'être à charge à nous-mêmes et inutiles aux autres ; elle nous procure la compagnie des gens de bien, et nous fait beaucoup d'amis.

Qu'ils sont fragiles et périssables, ces présents de la fortune qu'on nomme puissance et richesses humaines ! Ils abondent subitement, et tout à coup disparaissent ; aussi ne doit-on point les considérer comme de vrais biens.

LIVRE TROISIÈME.

LEXICOGRAPHIE (28).

CHAPITRE Ier.

DU SUBSTANTIF.

100. — *Un lien, des liens ; un client, des clients.*

On forme le pluriel d'un substantif en y ajoutant une *s*, à moins qu'il ne se termine par *s*, *x* ou *z*.

101. — *Un tuyau, des tuyau*x *; un pieu, des pieu*x.

Quand le singulier est en *au* ou en *eu*, le pluriel prend un *x*.

Nota. Le pluriel des substantifs suivants : *bijou, caillou, chou, genou, hibou, pou,* se forme aussi par l'addition d'un *x ;* les autres substantifs en *ou* suivent la règle générale.

102. — *Le général, les général*ux.

Tout substantif singulier en *al* change *al* en *aux* pour le pluriel.

Cependant les substantifs *bal, cal, pal, régal, carnaval* et quelques autres, suivent la règle générale.

Nota. *Bail, corail, émail, soupirail, travail, vantail, vitrail,* changent aussi *ail* en *aux : des baux,* etc.

Ail, bétail font au pluriel *aulx* (*a*), *bestiaux.*

103. — *Travail, aïeul, ciel* et *œil,* ont deux formes pour le pluriel : *les travaux* et *les travails, les aïeux* et *les aïeuls, les cieux* et *les ciels, les yeux* et *les œils.*

(*a*) Ce pluriel est peu usité.

Les travails,
> 1° machine de bois à quatre piliers où l'on ferre les chevaux.
>
> 2° espèce de travail de bureau ou de cabinet : *le roi s'est fait présenter deux travails; cette vérification me fera faire deux travails.*

Les aïeuls, le grand-père paternel et le maternel.

Les ciels,
> *Les beaux ciels de l'Italie et de la Grèce* (a).
> *Des ciels de lit, de tableau,* etc.

Les œils.
> Dans le sens figuré, *les œils-de-bœuf* (ouvertures), — *de-chat* (pierre), — *de perdrix* (broderie), *les œils de certains fruits, les œils de la soupe, du fromage.* Dans ce dernier sens on dit aussi *des yeux.*

CHAPITRE II.

DE L'ADJECTIF.

§ 1. ACCORD.

104. — *Le jeu charmant, la voix charmante,*
Ils sont charmants, elles sont charmantes.

L'adjectif prend le genre et le nombre du substantif ou du pronom qu'il modifie.

§ 2. FORMATION DU FÉMININ.

105. — *Le jeu charmant, la voix charmante.*

Le féminin d'un adjectif prend un *e* muet, à moins que, comme dans *utile,* le masculin ne se termine par cette voyelle.

106. — *Le bœuf gras, la vache grasse.*
Le visage vermeil, la face vermeille.

Si la prononciation l'exige, la consonne finale de l'adjectif masculin se double avant l'*e* muet.

107. — *Le lion cruel, la lionne cruelle.*
Il est muet, elle est muette.

(a) Cependant on dit aussi *des cieux* dans ce sens

*L'anci*en *usage, l'anci*enne *mode.*
Le bon ami, la bonne amitié.

Quand l'adjectif masculin se termine par *el, et, en,* *on,* la consonne finale se double pour le féminin, excepté dans *complet, concret, discret, inquiet, replet, secret :* *joie complète, quantité concrète,* etc.

Sot, vieillot, fol, mol, nul, doublent aussi la consonne finale : *sotte réponse, figure vieillotte,* etc.

NOTA. *Fol, mol* ne s'emploient qu'avant une voyelle ou une *h* muette. Dans les autres cas, on fait usage de *mou* et de *fou.*

108. — *L'habit neuf, la robe neuve.*

Les adjectifs en *f* (changent cette lettre en *ve* pour le féminin.

109. — *Il est heureux, elle est heureuse.*

La finale *eux* se change en *euse* pour le féminin.

NOTA. *Vieux* fait *vieille,* qui est formé de *vieil.*

110. — Les adjectifs en *eur,* comme *supérieur, menteur, adulateur, enchanteur, auteur,* ont cinq formes différentes pour le féminin : *place supérieure, fille menteuse, louange adulatrice, voix enchanteresse, femme auteur.* L'usage fera connaître ces différentes formes (*a*).

111. — Certains adjectifs féminins perdent l'accent : *exprès, expresse, dû, due,* etc. ; d'autres en prennent un : *fier, fière; ambigu, ambiguë,* etc.

112. — Il y a des adjectifs dont le féminin, irrégulier, n'est soumis à aucune des règles précédentes, ce sont :

1° *Blanc, franc, sec* et *frais,* qui font *blanche, franche, sèche* et *fraîche; caduc, public* et *turc,* qui font *caduque, publique* et *turque; long, oblong,* qui font *longue, oblongue; bénin, malin, bénigne, maligne; jaloux, jalouse.*

(*a*) Voyez ma Grammaire, n° 236.

2° *Grec, doux, faux, roux, tiers,* qui font *grecque, douce, fausse, rousse, tierce.*

3° *Absous, dissous* et *favori,* qui font *absoute, dissoute* et *favorite.*

113. — Quelques adjectifs, comme *témoin, châtain, dispos, grognon,* etc., n'ont pas de féminin : *elle en est témoin, chevelure châtain,* etc.

§ 3. FORMATION DU PLURIEL.

114. — *Le chrétien patient, les chrétiens patients.*

Le pluriel des adjectifs se forme, comme celui des substantifs, par l'addition d'une *s* au singulier.

Les mêmes exceptions ont lieu :

1° *Un fils doux et soumis, des fils doux et soumis.*
2° *Un beau joyau, de beaux joyaux.*

Nota. *Hébreu* prend un *x,* et *bleu* une *s,* pour le pluriel.

3° *Un caporal brutal, des caporaux brutaux.*

Nota. Les adjectifs suivants en *al, filial, final, glacial, naval, pascal, théâtral* et quelques autres, suivent la règle générale.

Pour l'orthographe des adjectifs déterminatifs, voyez n°s 49 à 55.

Les adjectifs déterminatifs-numéraux sont généralement invariables.

CHAPITRE III.

DU PRONOM.

115. — *Il le connaît, ils les connaissent.*

Quand le pronom n'a pas pour le pluriel une forme particulière, il prend une *s* à ce nombre.

116. — *Je lui parle, je leur parle.*

Le pronom *leur*, pluriel de *lui*, ne prend pas d's, sa forme étant différente.

117. — Les pronoms *lequel, laquelle* et leurs dérivés s'écrivent en un seul mot : l'enfant *auquel* on s'attache.

118. — *Ce*, pronom démonstratif, s'écrit par un *c* : *vois* CE *que tu fais ; se*, par une *s*, est complément d'un verbe et traduisible par *soi : il* SE *flatte.*

119. — *Chacun a son défaut où toujours il revient.*

Où, pronom conjonctif, prend un accent grave, qui le distingue de *ou* conjonction (celui-ci se traduit par *ou bien*) : *J'irai à la campagne* où *je resterai quelques jours. J'irai à la campagne* ou *je resterai ici.*

<hr>

CHAPITRE IV.

DU VERBE.

§ 1. ACCORD DU VERBE AVEC SON SUJET.

120. — *Je* lir*ai, tu* lir*as, il* lir*a ;*
    Nous lir*ons, vous* lir*ez, ils* lir*ont.*

Tout verbe à un mode défini (79) s'accorde avec son sujet en *personne* et en *nombre.*

Il est donc très-important, pour l'orthographe du verbe, d'en bien connaître le sujet.

Ce sujet répond aux questions, *qui est-ce qui?* (pour les personnes), *qu'est-ce qui?* (pour les choses), faites avant ce verbe : D*ieu nous voit : Qui est-ce qui voit?* —D*ieu. La* PLUIE *tombe. Qu'est-ce qui tombe?* — *l a* PLUIE.

NOTA. Si le verbe est employé négativement, la négation doit aussi entrer dans la question : *La* PLUIE *ne tombe plus. Qu'est-ce qui ne tombe plus?—La* PLUIE.

§ 2. FINALES CARACTÉRISTIQUES DES PERSONNES ET DES NOMBRES.

1° *Première personne du singulier.*

121.—*Je prie Dieu, je le bénis et lui rends grâces.*
Je vous offre ce que je peux.

Tout verbe à la première personne du singulier du Présent de l'Affirmatif (79) se termine par un *e*, une *s* ou un *x*.

Par un *e*,   1° dans les verbes en *er* : *prier, je prie* ; *lier, je lie ; dorer, je dore.*

           2° dans *j'offre*, et autres verbes en *frir, vrir, illir*, où l'*e* remplace nécessairement l'*s* : *j'ouvre, je cueille.*

Par une *s*,   dans les verbes qui ne sont pas de la première conjugaison (86), et qui se terminent alors en *ir*, en *oir* ou en *re : bénir, je bénis* ; *voir, je vois* ; *lire, je lis* ; *dormir, je dors* ; *confire, je confis.*

Par un *x*,   dans *je peux , je veux , je vaux , je me prévaux.*

122. — OBSERVATIONS. 1° L'*s*, comme dans *je rends*, est quelquefois précédée d'une consonne nulle, qu'on entend avant la finale de l'infinitif : *rendre , je rends ; rompre, je romps.*

Mais on supprime la consonne dans, *je sors, je pars , je sens, je mens, je me repens, je parais* et autres formes dérivées de verbes en *aître*, comme *naître.*

On la supprime aussi dans *je peins, je me résous*, et autres verbes dont l'infinitif est en *indre* ou en *soudre*, comme *craindre , joindre, absoudre*, etc.

2° L'*s* finale ne peut être précédée d'une consonne qui n'est pas avant la terminaison de l'Infinitif; on n'écrira donc pas : *je faits, je bouts, je conduits, je concluds*, etc. On écrit cependant par un *d, je m'assieds.*

123. — *Je parlerai aujourd'hui comme je parlai hier.*

Tout verbe à la première personne du singulier du

futur (80) se termine par *ai* (prononcez *é*) : *je parler*ai,
*je verr*ai, etc.

Cette même finale appartient au Passé défini (81) des
verbes en *er* : *je parl*ai, *je chant*ai, etc.

124. — *Il faut que je coure, il fallait que je courusse.*

Tout verbe à la première personne du singulier du
Subjonctif se termine par un *e* muet, excepté *que je
sois.*

125. — *Je vins, je vis et je vainquis.*

Tout verbe qui n'est pas en *er* se termine par une *s* à
la première personne du singulier du Passé défini.

126. — *Je ferais maintenant ce que je faisais autrefois.*

Tout verbe qui à la première personne du singulier
est terminé par le son *é*, s'écrit par *ais*.

Nota. Il faut que cette finale *ais* soit ajoutée au radical.

2° *Deuxième personne du singulier.*

127. — *Choisis ce que tu désires.*

Donne ces fleurs, donnes-en, donnes-y tes soins.

Tout verbe à la deuxième personne du singulier se
termine par une *s*, à moins qu'il ne soit à l'Impératif (79)
de la première conjugaison : *Donne, prie, joue,* etc.

Observations. 1° La seconde personne de l'Impératif prend cependant une *s* après l'*e* muet, s'il est suivi
des pronoms *en* ou *y* : *donnes-en, joues-y,* etc.

Nota. Les verbes *avoir, offrir, cueillir,* etc.; (121) suivent la
même règle : *aie, offre, ouvre, cueille; aies-en, cueilles-y,* etc.

2° Quand la première personne du singulier se termine par *e*, la seconde est en *es* : *que je coure, que tu
coures,* etc.

3° Quand la première se termine par *x*, la seconde
prend la même lettre : *je peux, tu peux,* etc.

4° La consonne nulle qui précède l'*s* de la première
personne se trouve aussi à la deuxième : *je prends, tu
prends, je mets, tu mets,* etc.

3° *Troisième personne du singulier.*

128. — *Il prie Dieu, le bénit et lui rend grâces.*
     Il fera ce que je ferai.

Tout verbe à la troisième personne du singulier se termine par l'une des lettres *e, t, d* et *a* finales que peut rappeler le mot *date.*

Par *e,*   si la première personne a cette finale : *je pleure, il pleure, que je meure, qu'il meure,* etc. ; excepté 1° *qu'il ait,* 2° les verbes au Passé du Subjonctif (84) : *qu'il aimât, qu'il crût,* etc.

Par *t,*   si la première est en *s : je meurs, il meurt ; je lis, on lit,* etc., ou en *x : je vaux, elle vaut,* etc. On en excepte : *il vainc, il convainc, il va.*

Par *d,*   si la première est en *ds : je rends, il rend.*

Par *a,*   si la première est en *ai : j'aimai, il aima, je ferai, il fera.*

4° *Première personne du pluriel.*

129. — *Nous ignorons souvent ce que nous sommes.*

A la fin de tout verbe à la première personne du pluriel, on entend *on* ou *me ;* dans le premier cas, la finale s'écrit par *ons* et dans le second par *mes.*

OBSERVATIONS. 1° Si le verbe est au Passé défini de l'Affirmatif, la voyelle qui précède *mes* prend un accent circonflexe, *nous eûmes, nous vînmes,* etc.

2° La finale *ons* est précédée d'un *i* au Présent du Subjonctif et au Passé simultané (81) : *il faut que nous travaillions, que nous priions, que nous payions ; nous cueillions des fleurs, et nous les envoyions à nos voisins,* etc. On en excepte le verbe *avoir* et le verbe *être,* qui font au Subjonctif, *que nous ayons* et *que nous soyons.*

5° *Deuxième personne du pluriel.*

130. — *Vous savez ce que vous faites.*

A la fin de tout verbe à la deuxième personne du pluriel, on entend *é* ou *te ;* dans le premier cas, sa finale est *ez*, et dans le second *tes*.

Nota. Les observations faites sur la première personne du pluriel s'appliquent à la seconde : *vous fûtes*, *que vous priïez*, *vous employiez mal votre temps*, *que vous ayez*, *que vous soyez*.

6° *Troisième personne du pluriel.*

131. — *Ils ne savent ce qu'ils font.*

Tout verbe à la troisième personne du pluriel se termine par *nt : ils jouent, ils riront, ils parlaient,* etc.

§ 3. DU MODE INTERROGATIF ET DU MODE INDÉFINI.

132. — *Qu'as-tu fait de mon fils ? Existe-t-il encore ?*

Pour l'expression du mode interrogatif, le pronom se place généralement après le verbe, auquel il est joint par un trait d'union.

Quand ce verbe à la troisième personne se termine en *e* ou en *a*, un *t* euphonique (18) le sépare du pronom : *parle-t-il? parlera-t-on ?* etc.

Par analogie, on écrit de même : *à peine parle-t-il, aussi parlera-t-on ?*

Nota. On dit : *parlé-je bien, ne chanté-je pas mieux ?* d'où l'on voit que, dans le mode interrogatif, à la première personne, l'*e* muet prend un accent aigu. Par analogie on écrit de même, *puissé-je le revoir ! dussé-je en mourir.*

133. — *Des enfants jouant de tout leur cœur ne voudraient jamais finir.*

Les formes du mode indéfini désignées sous les noms d'*Infinitif* et de *Participe présent* (86), employées comme verbes, sont toujours invariables.

*2

[A l'aide des règles précédentes sur l'orthographe des finales verbales, graduellement appliquées dans de nombreux exercices, on peut écrire correctement sous la dictée tous les verbes réguliers et la plupart des irréguliers, résultat qu'on obtient rarement après en avoir conjugué pendant longtemps.]

§ 4. CONJUGAISON DES VERBES.

I. CONJUGAISON DES VERBES *AVOIR* et *ÊTRE*.

134. MODE AFFIRMATIF ou INDICATIF.

1er *Temps*. — PRÉSENT.

Aujourd'hui, maintenant

AVOIR.			ÊTRE.		
J'	ai		Je	suis	
Tu	as		Tu	es	
Il	a	un livre.	Il	est	attentif(a).-s.
Nous	avons		Nous	sommes	
Vous	avez		Vous	êtes	
Ils	ont		Ils	sont	

2e *Temps*. — PASSÉ SIMULTANÉ OU IMPARFAIT.

Quand il faisait froid,

J'	avais		J'	étais	
Tu	avais		Tu	étais	
Il	avait	un manteau.	Il	était	enrhumé.—s.
Nous	avions		Nous	étions	
Vous	aviez		Vous	étiez	
Ils	avaient		Ils	étaient	

3e *Temps*. — PASSÉ DÉFINI.

Hier

J'	eus		Je	fus	
Tu	eus		Tu	fus	
Il	eut	un mal de tête.	Il	fut	incommodé.-s
Nous	eûmes		Nous	fûmes	
Vous	eûtes		Vous	fûtes	
Ils	eurent		Ils	furent	

(a) Il serait bon que les élèves du sexe féminin missent l'adjectif et le pronom au féminin.

4e *Temps*. — PASSÉ INDÉFINI.

Ce matin, cette semaine

J'	ai eu			J'	ai été		
Tu	as eu			Tu	as été		
Il	a eu	} *du plaisir.*		Il	a été	} *content.* — s.	
Nous	avons eu			Nous	avons été		
Vous	avez eu			Vous	avez été		
Ils	ont eu			Ils	ont été		

5e *Temps*. — PASSÉ ANTÉRIEUR IMMÉDIAT OU PASSÉ ANTÉRIEUR.

Je partis dès que j'en EUS EU l'ordre, dès que j'EUS ÉTÉ habillé.

[Nous ne mettons ce temps que pour en montrer la forme ; il n'est point usité, et on le remplace dans les verbes *avoir* et *être* par le *Passé défini ;* si on tient à le faire conjuguer, on en suivra la composition ci-dessus indiquée.]

6e *Temps*. — PASSÉ ANTÉRIEUR MÉDIAT OU PLUS-QUE-PARFAIT.

On croyait que

J'	avais eu			J'	avais été		
Tu	avais eu			Tu	avais été		
Il	avait eu	} *la fièvre.*		Il	avait été	} *malade.* — s.	
Nous	avions eu			Nous	avions été		
Vous	aviez eu			Vous	aviez été		
Ils	avaient eu			Ils	avaient été		

7e *Temps*. — FUTUR.

Demain

J'	aurai			Je	serai		
Tu	auras			Tu	seras		
Il	aura	} *un prix.*		Il	sera	} *heureux.*	
Nous	aurons			Nous	serons		
Vous	aurez			Vous	serez		
Ils	auront			Ils	seront		

8ᵉ *Temps*. — FUTUR ANTÉRIEUR OU FUTUR PASSÉ.

Demain à midi

J'	aurai eu			J'	aurai été		
Tu	auras eu			Tu	auras été		
Il	aura eu	}	un prix.	Il	aura été	}	couronné. — s.
Nous	aurons eu			Nous	aurons été		
Vous	aurez eu			Vous	aurez été		
Ils	auront eu			Ils	auront été		

9ᵉ *Temps*. — CONDITIONNEL (*a*).

Si cela était possible,

J'	aurais			Je	serais		
Tu	aurais			Tu	serais		
Il	aurait	}	un maître.	Il	serait	}	instruit. — s.
Nous	aurions			Nous	serions		
Vous	auriez			Vous	seriez		
Ils	auraient			Ils	seraient		

10ᵉ *Temps*. — PASSÉ CONDITIONNEL.

Si cela avait été possible,

J'	aurais eu			J'	aurais été		
Tu	aurais eu			Tu	aurais été		
Il	aurait eu	}	un maître.	Il	aurait été	}	instruit. — s.
Nous	aurions eu			Nous	aurions été		
Vous	auriez eu			Vous	auriez été		
Ils	auraient eu			Ils	auraient été		

On dit aussi *j'*eusse eu, *tu* eusses eu, *il* eût eu, *nous* eussions eu, *vous* eussiez eu, *ils* eussent eu ; et *j'*eusse été, *tu* eusses été, etc.

(*a*) A proprement parler, le *Conditionnel* n'est ni un temps ni un mode principal ; mais je l'admets ici pour me conformer à l'usage ; d'ailleurs aucune autre dénomination ne lui conviendrait mieux, puisque cette forme verbale comprend le *Passé postérieur* (81), le *Présent*, et le *Futur conditionnel* (83) ; mais, dans la classification, on aura soin de faire spécifier chacun de ces temps.

MODE IMPÉRATIF.

Temps FUTUR.

Sing. { *Point de* 1re *pers.* / Aie *de l'attention.* / *Point de* 3e *pers.* (a). || Sois   *attentif.*

Plur. { Ayons } *de l'attention.* / Ayez } / *Point de* 3e *pers.* || Soyons / Soyez } *attentifs.*

Ce mode a aussi un *Futur antérieur*, mais il est inusité avec les verbes *avoir* et *être*.

MODE SUBJONCTIF.

1er *Temps*. — PRÉSENT OU FUTUR.

Il est nécessaire

Que j' aie (b) . / Que tu aies / Qu' il ait / Que nous ayons / Que vous ayez / Qu' ils aient } *un maître.*

Que je sois / Que tu sois / Qu' il soit / Que nous soyons / Que vous soyez / Qu' ils soient } *instruit.—s.*

2e *Temps*. — IMPARFAIT (c).

Il faudrait

Que j' eusse / Que tu eusses / Qu' il eût / Que nous eussions / Que vous eussiez / Qu' ils eussent } *un maître.*

Que je fusse / Que tu fusses / Qu' il fût / Que nous fussions / Que vous fussiez / Qu' ils fussent } *instruit.—s.*

(a) Quelques grammairiens admettent une troisième personne : *qu'il ait, qu'ils aient, qu'il soit, qu'ils soient ;* mais cette forme appartient au Subjonctif ; l'absence du pronom sujet est le caractère spécial de l'*Impératif.*

(b) On prononce maintenant, *que j'é, que tu é, qu'il é, qu'ils é.*

(c) Cette dénomination est à la vérité très-*imparfaite ;* mais

3e *Temps.* — Passé indéfini.

On ne croit pas, il est possible

Que j'	aie	eu		*Que j'*	aie	été	
Que tu	aies	eu		*Que tu*	aies	été	
Qu' il	ait	eu	*tort.*	*Qu' il*	ait	été	*trompé. — s.*
Que nous	ayons	eu		*Que n.*	ayons	été	
Que vous	ayez	eu		*Que v.*	ayez	été	
Qu' ils	aient	eu		*Qu' ils*	aient	été	

4e *Temps.* — Passé antérieur ou Conditionnel.

On ne croyait pas

Que j'	eusse	eu		*Que j'*	eusse	été	
Que tu	eusses	eu		*Que tu*	eusses	été	
Qu'' il	eût	eu	*tort.*	*Qu' il*	eût	été	*trompé. — s.*
Que n.	eussions	eu		*Que n.*	eussions	été	
Que v.	eussiez	eu		*Que v.*	eussiez	été	
Qu' ils	eussent	eu		*Qu' ils*	eussent	été	

MODE INDÉFINI.

Infinitif (*a*).

Avoir *raison.*   Être *raisonnable.*

Passé.

Avoir eu *raison.*   Avoir été *raisonnable.*

Futur.

Devant avoir *raison.*   Devant être *raisonnable.*

---

son insignifiance même nous devient ici nécessaire, puisque cette forme verbale appartient à cinq temps différents : le *Passé simultané*, le *Passé défini*, le *Passé postérieur*, le *Présent* et le *Futur conditionnel*, mais dans la classification, on aura soin de spécifier chacun de ces temps, en omettant la dénomination d'*Imparfait*.

(a) Cette forme verbale est applicable aux trois temps.

PARTICIPES.

PRÉSENT.

Ayant eu *raison*.   Ayant été *raisonnable*.

PASSÉ.

(*J'ai*) eu *raison*.   (*J'ai*) été *raisonnable*.

II. VERBES RÉGULIERS.

135. — TYPES DES VERBES RÉGULIERS DE LA PREMIÈRE CONJUGAISON. (en ER).

DINER.

MODE AFFIRMATIF ou INDICATIF.

1er *Temps*. — PRÉSENT (80). || **2e *Temps*. — PASSÉ SIMULTANÉ ou IMPARFAIT (81).**

Je	dîn	e		Je	dîn	ais
Tu	dîn	es		Tu	dîn	ais
Il	dîn	e		Il	dîn	ait
Nous	dîn	ons		Nous	dîn	ions (a)
Vous	dîn	ez		Vous	dîn	iez
Ils	dîn	ent		Ils	dîn	aient

avec appétit.   *avec lui.*

3e *Temps*. — PASSÉ DÉFINI (81).

Je	dîn	ai
Tu	dîn	as
Il	dîn	a
Nous	dîn	âmes
Vous	dîn	âtes
Ils	dîn	èrent

hier avec lui.

(a) Quand la finale de l'Infinitif est précédée d'un *i* ou d'un *y*, comme dans *prier*, *ployer*, il faut conserver ces lettres avant les finales *ions, iez : nous priions, nous ployions*.

4ᵉ *Temps.* — PASSÉ INDÉ-
FINI (81).

Cette semaine

J'	ai	dîn	é
Tu	as	dîn	é
Il	a	dîn	é
Nous	avons	dîn	é
Vous	avez	dîn	é
Ils	ont	dîn	é

avec lui.

5ᵉ *Temps.* — PASSÉ ANTÉ-
RIEUR IMMÉDIAT (82)

Je sortis dès que

J'	eus	dîn	é
Tu	eus	dîn	é
Il	eut	dîn	é
Nous	eûmes	dîn	é
Vous	eûtes	dîn	é
Ils	eurent	dîn	é.

6ᵉ *Temps.* — PASSÉ ANTÉ-
RIEUR MÉDIAT (82).

Quand on est venu

J'	avais	dîn	é
Tu	avais	dîn	é
Il	avait	dîn	é
Nous	avions	dîn	é
Vous	aviez	dîn	é
Ils	avaient	dîn	é.

7ᵉ *Temps.* — FUTUR (80).

Demain

Je	dîner	ai
Tu	dîner	as
Il	dîner	a
Nous	dîner	ons
Vous	dîner	ez
Ils	dîner	ont

ici.

A cette conjugaison et dans ce temps, l'*r* est toujours pré-cédé d'un *e.*

8ᵒ *Temps.* — FUTUR ANTÉ-
RIEUR (83).

Quand on arrivera

J'	aurai	dîn	é
Tu	auras	dîn	é
Il	aura	dîn	é
Nous	aurons	dîn	é
Vous	aurez	dîn	é
Ils	auront	dîn	é.

9ᵉ *Temps.* — CONDITION-
NEL (*a*).

S'il était l'heure,

Je	dîner	ais
Tu	dîner	ais
Il	dîner	ait
Nous	dîner	ions
Vous	dîner	iez
Ils	dîner	aient

ici.

Même observation que ci-dessus.

(*a*) Voyez la note de la page 36.

.10ᵉ *Temps*. — Passé conditionnel.

S'il avait été l'heure ,

J'	aurais	dîn	*é*
Tu	aurais	dîn	*é*
Il	aurait	dîn	*é*
Nous	aurions	dîn	*é*
Vous	auriez	dîn	*é*
Ils	auraient	dîn	*é.*

MODE IMPÉRATIF (79).

1ᵉʳ *Temps*. — Futur (85).	2ᵉ *Temps*. — Futur antérieur (85).
Sing. { *Point de* 1ʳᵉ *pers.* / Dîn *e.* Dîn *es-y.* / *Point de* 3ᵉ *pers.*	Aie dîn *é.*
Plur. { Dîn *ons* / Dîn *ez.* / *Point de* 3ᵉ *pers.*	Ayons dîn *é* } *quand on vien-* Ayez dîn *é* } *dra.*

MODE SUBJONCTIF (79).

1ᵉʳ *Temps*. — Présent ou futur (84).	2ᵉ *Temps*. — Imparfait (*a*).
Il faut	*Il fallait, il faudrait*
Que je dîn *e*	*Que je* dîn *asse*
Que tu dîn *es*	*Que tu* dîn *asses*
Qu' il dîn *e*	*Qu' il* dîn *ât*
Que nous dîn *ions*	*Que nous* dîn *assions*
Que vous dîn *iez*	*Que vous* dîn *assiez*
Qu' ils dîn *ent.*	*Qu' ils* dîn *assent.*
Même observation qu'au Passé simultané. (*V.* p. 39 , note *a.*)	

(*a*) Voyez la note *c* de la page 37.

| 3e *Temps*. — Passé indéfini (81). | 4e *Temps*.—Passé antérieur ou condit. (81). |

On ne croit pas / *On ne croyait pas*

Que j'	aie	dîn *é*	*Que j'*	eusse	dîn *é*
Que tu	aies	dîn *é*	*Que tu*	eusses	dîn *é*
Qu' il	ait	dîn *é*	*Qu' il*	eût	dîn *é*
Que nous	ayons	dîn *é*	*Que nous*	eussions	dîn *é*
Que vous	ayez	dîn *é*	*Que vous*	eussiez	dîn *é*
Qu' ils	aient	dîn *é*.	*Qu' ils*	eussent	dîn *é*.

MODE INDÉFINI (79).

Infinitif (86),	dîn *er*.
Passé,	avoir dîn *é*.
Futur,	devant dîn *er*.

Participes
  { présent . . . . dîn *ant*.
  { passé, { dîn *é*.
           { ayant dîn *é*.

On fera conjuguer sur ce verbe : *Abaisser, abhorrer, agréer, allumer, analyser, appliquer, arriver* (a), *assembler, attraper, augmenter, avouer, balbutier, complimenter, condamner, conjuguer, déchiffrer, dédaigner, dépenser, éclairer, embarrasser, empêcher, enchaîner, enseigner, entraîner, envier, exceller, fourrer, fréquenter, griffonner, habiller, indemniser, laisser, négocier, offenser, récompenser, remercier, ressembler, saigner, solliciter, souhaiter, supplier, tourmenter.*

Observations. 1° Après avoir fait conjuguer quelques verbes, on peut, pour varier l'exercice, en faire comprendre six dans une seule conjugaison, ainsi qu'il suit : *j'aime, tu allumes, il analyse, nous appliquons, vous approchez, ils approuvent,* etc.

2° Il est encore bon de donner à conjuguer toutes les mêmes personnes de chaque temps, soit au singulier, soit au pluriel, soit positivement, soit négativement, soit interrogativement.

3° On peut encore faire conjuguer quelques phrases, telles que, *étudier sa leçon et la réciter à son maître; rencontrer un ami et lui souhaiter le bonjour; accepter un cadeau et en remercier,* etc.

4° Enfin, on dictera un des verbes précédents à une forme quelconque, positive ou interrogative, et l'élève en fera la classification.

(a) Ce verbe prend l'auxiliaire *être* dans les temps composés.

Ces différents exercices, ou d'autres analogues, détruiront la monotonie du travail de l'élève, et l'habitueront surtout à ne point conjuguer machinalement, ce qui est d'une grande importance, car la plupart des enfants, quelque exercés qu'ils aient été sur la conjugaison, sont rarement en état d'en faire une juste application dans une dictée.

------

136. — Type des verbes réguliers de la deuxième conjugaison (en IR).

OBÉIR.

MODE AFFIRMATIF ou INDICATIF.

1er *Temps*. — Présent.

J'	obéi	s
Tu	obéi	s
Il	obéi	t
Nous	obéiss	ons
Vous	obéiss	ez
Ils	obéiss	ent

à l'instant.

2e *Temps*. — Passé simultané ou Imparfait.

J'	obéiss	ais
Tu	obéiss	ais
Il	obéiss	ait
Nous	obéiss	ions
Vous	obéiss	iez
Ils	obéiss	aient

avec plaisir.

3e *Temps*. — Passé défini.

J'	obéi	s
Tu	obéi	s
Il	obéi	t
Nous	obéî	mes
Vous	obéî	tes
Ils	obéi	rent

hier.

4e *Temps*. — Passé indéfini.

J'	ai	obé i
Tu	as	obé i
Il	a	obé i
Nous	avons	obé i
Vous	avez	obé i
Ils	ont	obé i.

5e *Temps*. — Passé antérieur immédiat.

J'	eus	obé i
Tu	eus	obé i
Il	eut	obé i
Nous	eûmes	obé i
Vous	eûtes	obé i
Ils	eurent	obé i.

6e *Temps*. — Passé antérieur médiat.

J'	avais	obé i
Tu	avais	obé i
Il	avait	obé i
Nous	avions	obé i
Vous	aviez	obé i
Ils	avaient	obé i.

7ᵉ *Temps*. — FUTUR.		**8ᵉ *Temps*. — FUTUR ANTÉRIEUR.**	

J'	obéir *ai*	*à l'instant.*	*J'*	aurai	obé *i*
Tu	obéir *as*		*Tu*	auras	obé *i*
Il	obéir *a*		*Il*	aura	obé *i*
Nous	obéir *ons*		*Nous*	aurons	obé *i*
Vous	obéir *ez*		*Vous*	aurez	obé *i*
Ils	obéir *ont*		*Ils*	auront	obé *i.*

9ᵉ *Temps*. — CONDITIONNEL.   **10ᵉ *Temps*. — PASSÉ CONDITIONNEL.**

J'	obéir *ais*	*avec plaisir.*	*J'*	aurais	obé *i*
Tu	obéir *ais*		*Tu*	aurais	obé *i*
Il	obéir *ait*		*Il*	aurait	obé *i*
Nous	obéir *ions*		*Nous*	aurions	obé *i*
Vous	obéir *iez*		*Vous*	auriez	obé *i*
Ils	obéir *aient*		*Ils*	auraient	obé *i.*

MODE IMPÉRATIF.

1ᵉʳ *Temps*. — FUTUR.   **2ᵉ *Temps*. — FUTUR ANTÉRIEUR.**

Sing. { Point de 1ʳᵉ pers. Obéi *s*. Point de 3ᵉ pers.	Aie	obé *i*
Plur. { Obéiss *ons* Obéiss *ez*. Point de 3ᵉ pers.	Ayons obé *i* Ayez obé *i.*	

MODE SUBJONCTIF.

1ᵉʳ *Temps*. — PRÉSENT ou FUTUR.   **2ᵉ *Temps*. — IMPARFAIT.**

Il faut   *Il fallait*

Que j'	obéiss *e*	*Que j'*	obéiss *e*
Que tu	obéiss *es*	*Que tu*	obéiss *es*
Qu' il	obéiss *e*	*Qu' il*	obéî *t*
Que nous	obéiss *ions*	*Que nous*	obéiss *ions*
Que vous	obéiss *iez*	*Que vous*	obéiss *iez*
Qu' ils	obéiss *ent.*	*Qu' ils*	obéiss *ent.*

3ᵉ *Temps.*—Passé indéfini. | 4ᵉ *Temps.*—Passé antérieur ou conditionnel.

Que j'	aie	obé *i*	*Que j'*	eusse	obé *i*
Que tu	aies	obé *i*	*Que tu*	eusses	obé *i*
Qu' il	ait	obé *i*	*Qu' il*	eût	obé *i*
Que nous	ayons	obé *i*	*Que nous*	eussions	obé *i*
Que vous	ayez	obé *i*	*Que vous*	eussiez	obé *i*
Qu' ils	aient	obé *i.*	*Qu' ils*	eussent	obé *i.*

MODE INDÉFINI.

Infinitif,	obé *ir.*
Passé,	avoir obé *i.*
Futur,	devant obé *ir.*

Participes { *présent.* . . . obéiss *ant.*
{ *passé* . . . { obé *i.*
{ ayant obé *i.*

On fera conjuguer sur ce verbe : *Accomplir, adoucir, appauvrir, approfondir, assujettir, bannir, embellir, enhardir, nourrir, rafraîchir, ralentir.*

[On suivra les mêmes exercices que ceux indiqués pour la première conjugaison.

Dans les phrases, on pourra faire entrer des verbes des deux conjugaisons, comme *aimer Dieu et le bénir ; donner sa parole et ne pas la trahir ; respecter et chérir ses parents,* etc.]

---

137. — Verbes de la troisième conjugaison (en oir).

Aucun de ces verbes ne pouvant servir de modèle à ceux de la même conjugaison, il n'y a point, proprement dit, de type de conjugaison régulière. Voyez les verbes irréguliers en *oir.*

138. — TYPE DES VERBES RÉGULIERS DE LA QUATRIÈME CONJUGAISON (en ER).

ROMPRE.

MODE AFFIRMATIF ou INDICATIF.

1ᵉʳ *Temps*. — PRÉSENT.	2ᵉ *Temps*. — PASSÉ SIMULTANÉ ou IMPARFAIT.
Je romp *s*	*Je* romp *ais*
Tu romp *s*	*Tu* romp *ais*
Il romp *t*	*Il* romp *ait*
Nous romp *ons*	*Nous* romp *ions*
Vous romp *ez*	*Vous* romp *iez*
Ils romp *ent.*	*Ils* romp *aient.*

3ᵉ *Temps* — PASSÉ DÉFINI.	4ᵉ *Temps*. — PASSÉ INDÉFINI.
Je rompi *s*	*J'* ai romp *u*
Tu rompi *s*	*Tu* as romp *u*
Il rompi *t*	*Il* a romp *u*
Nous rompî *mes*	*Nous* avons romp *u*
Vous rompî *tes*	*Vous* avez romp *u*
Ils rompi *rent.*	*Ils* ont romp *u.*

5ᵉ *Temps*. — PASSÉ ANTÉRIEUR IMMÉDIAT.	6ᵉ *Temps*. — PASSÉ ANTÉRIEUR MÉDIAT.
J' eus romp *u*	*J'* avais romp *u*
Tu eus romp *u*	*Tu* avais romp *u*
Il eut romp *u*	*Il* avait romp *u*
Nous eûmes romp *u*	*Nous* avions romp *u*
Vous eûtes romp *u*	*Vous* aviez romp *u*
Ils eurent romp *u.*	*Ils* avaient romp *u.*

7ᵉ *Temps*. — FUTUR.	8ᵉ *Temps*. — FUTUR ANTÉRIEUR.
Je rompr *ai*	*J'* aurai romp *u*
Tu rompr *as*	*Tu* auras romp *u*
Il rompr *a*	*Il* aura romp *u*
Nous rompr *ons*	*Nous* aurons romp *u*
Vous rompr *ez*	*Vous* aurez romp *u*
Ils rompr *ont.*	*Ils* auront romp *u.*

9ᵉ Temps. — CONDITIONNEL.

Je	rompr *ais*
Tu	rompr *ais*
Il	rompr *ait*
Nous	rompr *ions*
Vous	rompr *iez*
Ils	rompr *aient.*

10ᵉ Temps. — PASSÉ CONDITIONNEL.

J'	aurais	romp *u*
Tu	aurais	romp *u*
Il	aurait	romp *u*
Nous	aurions	romp *u*
Vous	auriez	romp *u*
Ils	auraient	romp *u.*

MODE IMPÉRATIF.

1ᵉʳ Temps. — FUTUR.

Sing. { Point de 1ʳᵉ pers.
Romp *s.*
Point de 3ᵉ pers.

Plur. { Romp *ons*
Romp *ez.*
Point de 3ᵉ pers.

2ᵉ Temps. — FUTUR ANTÉRIEUR.

Aie · romp *u*

Ayons romp *u*
Ayez romp *u.*

MODE SUBJONCTIF.

1ᵉʳ Temps. — PRÉSENT ou FUTUR.

Il faut

Que je	romp *e*
Que tu	romp *es*
Qu' il	romp *e*
Que nous	romp *ions*
Que vous	romp *iez*
Qu' ils	romp *ent.*

2ᵉ Temps. — IMPARFAIT.

Il fallait

Que je	rompi *sse*
Que tu	rompi *sses*
Qu' il	rompî *t*
Que nous	rompi *ssions*
Que vous	rompi *ssiez*
Qu' ils	rompi *ssent.*

3ᵉ Temps. — PASSÉ INDÉFINI.

Que j'	aie	romp *u*
Que tu	aies	romp *u*
Qu' il	ait	romp *u*
Que nous	ayons	romp *u*
Que vous	ayez	romp *u*
Qu' ils	aient	romp *u.*

4ᵉ Temps. — PASSÉ ANTÉR. ou CONDITIONNEL.

Que j'	eusse	romp *u*
Que tu	eusses	romp *u*
Qu' il	eût	romp *u*
Que nous	eussions	romp *u*
Que vous	eussiez	romp *u*
Qu' ils	eussent	romp *u.*

MODE INDÉFINI.

INFINITIF,	romp *re.*
PASSÉ,	avoir romp *u.*
FUTUR,	devant romp *re.*

PARTICIPES
$\begin{cases} présent. \ldots \text{romp } ant. \\ passé. \ldots\ldots \begin{cases} \text{romp } u. \\ \text{ayant romp } u. \end{cases} \end{cases}$

On fera conjuguer sur ce verbe : *Attendre, corrompre, défendre, descendre, entendre, fondre, interrompre, mordre, prendre, perdre, prétendre, rendre, répondre, suspendre, tordre, vendre.*

OBSERVATIONS. 1° Le *d* final remplace le *t : il rend, il attend, il fond*, etc.

2° On fera sur ces verbes les mêmes exercices que sur les deux premières conjugaisons.

3° On fera comprendre dans une seule conjugaison trois verbes, appartenant chacun à une conjugaison différente, comme *jouer, choisir, perdre, arriver, trahir, vendre,* etc.

4° On fera conjuguer les phrases suivantes : *emprunter un livre et le rendre ; aimer son maître, lui obéir et le rendre heureux ; écouter son maître et ne pas l'interrompre ; descendre à la cave et y tirer du vin ; bénir Dieu et lui rendre grâces ; vider un verre, le remplir et en répandre le vin,* etc.]

III. CONJUGAISON DES VERBES RÉFLÉCHIS (68).

139. — 1° Ces verbes sont précédés de deux pronoms, l'un *sujet* et l'autre *complément* (59), qui représentent le même objet : *je me rends, tu te rends, il se rend, nous nous rendons, vous vous rendez, ils se rendent.*

2° A l'*Impératif* le verbe est suivi des pronoms *toi, nous* et *vous : rends-toi, rendons-nous, rendez-vous.*

Un trait d'union lie ce pronom au verbe.

On emploie de même ce trait d'union entre le verbe et le pronom qui en est le complément : *Donnez-le, parlez-lui, prenez-en, donnez-le-lui, donnez-lui-en.*

Mais on doit écrire sans trait d'union : *envoyez le chercher, faites en demander,* parce que le pronom n'est pas complément du premier verbe, comme il l'est dans *envoyez-le chercher quelque chose.*

On fait aussi usage du trait d'union dans *faites-la sortir,* et dans les cas analogues, c'est-à-dire quand le pronom n'est pas complément du verbe suivant, tandis qu'il l'est dans *faites la demander.*

Le trait d'union seul indique la différence entre *faites-le lire* (faites qu'il lise), et *faites le lire* (faites qu'on le lise). .

3° Dans les temps composés, l'auxiliaire *être* remplace l'auxiliaire *avoir* : *je me suis rendu, tu te seras rendu, qu'il se fût rendu,* etc.

On fera conjuguer : *S'habiller, s'abandonner, s'accoutumer, se ralentir, s'applaudir, s'assujettir, se rendre, s'entendre, se défendre.*

IV. CONJUGAISON DES VERBES PASSIFS.

140. — En français, il n'y a point de verbes passifs proprement dits : si cependant on tient à en admettre et à en faire conjuguer, on fera placer à la suite du verbe *être* le Participe passé de celui qu'on donnera à faire : *je suis aimé, tu es aimé, il est aimé*, etc., et l'on fera observer l'accord de ce participe avec le sujet du verbe *être*.

---

§ 5. VERBES IRRÉGULIERS.

PREMIÈRE CONJUGAISON.

1° *Verbes en* ger.

141. — *Nous vengeons celui qu'on outragea.*

Quand l'Infinitif est en *ger,* comme *venger, outrager,* on fait suivre le *g* d'un *e* euphonique avant *a* et *o.*

On fera conjuguer : *allonger, dédommager, interroger.*

2° *Verbes en* cer.

142. — *Nous effaçons ce qu'on traça.*

Quand l'Infinitif est en *cer,* comme *effacer, tracer,* le *c* prend une cédille (*ç*) avant *a* et *o.*

On fera conjuguer : *acquiescer, commencer, enfoncer.*

3° *Verbes en* yer.

143. — *Qui emploie bien son temps ne s'ennuiera jamais.*

Lorsque l'Infinitif est en *yer*, comme *employer, en-*

Boniface. *Abr. Gram.* 3

nuyer, l'*y* se change en *i* avant un *e* muet : *il emploie, il s'ennuiera.*

OBSERVATIONS. 1° Le verbe *envoyer*, outre son changement d'*y* en *i* avant un *e* muet, est irrégulier au Futur et au Conditionnel : *j'enverrai, j'enverrais.*

2° Dans les verbes en *ayer*, on conserve l'*y* ou on le change en *i* selon que l'exige l'euphonie, voilà pourquoi l'on dit : *je paye, je payerai* ou *je paierai*; cependant la première orthographe est préférée par l'Académie.

On fera conjuguer : *appuyer, bégayer, employer, grasseyer.*

4° *Verbes en* eler *et en* eter.

144. — *Epelle, épelons, épelez, j'épellerai.*
    Jette, jetons, jetez, je jetterai.

Dans les verbes terminés à l'Infinitif en *eler* et en *eter*, comme *épeler, jeter*, on double l'*l* et le *t* avant un *e* muet : *épelle, jette.*

Sont exceptés *acheter, bourreler, déceler, geler, harceler* et *peler*, qui prennent un accent grave : *j'achète*, etc.

On fera conjuguer : *acheter, cacheter, ficeler, geler.*

5° *Verbes où l'e pénultième (a) se change en* è *avant un* e *muet.*

145. — *Mène-moi où tu dois me mener.*

L'*e* muet pénultième d'un verbe en *er* se change en *è* grave avant un *e* muet.

On fera conjuguer : *mener, semer.*

6° *Verbe* aller.

146. — Ce verbe est très-irrégulier; en voici les ano-

(a) Qui précède la dernière syllabe.

malies : Affirmatif ou Indicatif présent : *je vais, tu vas, il va, ils vont.* Futur : *j'irai,* etc. Conditionnel : *j'irais,* etc. Impératif : *va, vas-y, vas en chercher, va-t'en.* Subjonctif présent : *que j'aille, que tu ailles, qu'il aille,* etc.

Les temps composés prennent l'auxiliaire *être* : *je suis allé, j'étais allé,* etc.

147. — DEUXIÈME CONJUGAISON.

[OBSERVATION GÉNÉRALE. Nous ne présenterons ici que les principales formes qui, dans la conjugaison orale ou écrite, pourraient embarrasser les élèves. Cette observation s'applique aussi à la troisième et à la quatrième conjugaison. Les verbes composés, comme *requérir, accourir, découvrir,* etc., suivent la conjugaison des verbes dont ils dérivent.]

ACQUÉRIR . .	*J'*acquier*s, nous* acquér*ons, ils* acquiè-*rent, j'*acquér*ais, j'*acqui*s, j'*acquerr*ai, j'*acquerr*ais* (*a*), acquie*rs,* acquér*ons, que j'*acqui*ère, que nous* acquér*ions, qu'ils* ac-quiè*rent, que j'*acqui*sse* (*b*), acquér*ant,* acqui*s.*
BÉNIR. . . .	n'est irrégulier qu'au participe passé, où il a deux formes : *bénie, bénite ;* ce dernier se dit, comme adjectif, des choses consacrées par une cérémonie religieuse : *du pain bénit, de l'eau bénite.* Pour le participe passé on écrit toujours *béni.*
BOUILLIR . .	*Je* bou*s, nous* bouill*ons, je* bouill*ais,* bouill*ant.* Les autres radicaux sont réguliers.

(*a*) Comme le Futur donne le radical du Conditionnel, nous nous abstiendrons d'indiquer ce dernier temps.

(*b*) L'Imparfait du Subjonctif a le même radical que le Passé défini, cependant nous l'indiquons à cause de la difficulté qu'il présente généralement aux élèves.

Courir . . . . est entièrement irrégulier : *Je* cour*s*, *nous* cour*ons*, *je* cour*ais*, *je* cour*us*, *je* courr*ai*, *que je* cour*usse*.

Couvrir. . . . *Je* couvr*e*, *je* couvr*is*, *que je* couvr*isse*, couver*t,e*.

Cueillir . . . *Je* cueill*e*, *je* cueill*is*, *je* cueiller*ai*, *que je* cueill*isse*.

Dormir . . . . *Je* dor*s*, dor*s*, etc.

Faillir. . . . n'est guère en usage qu'au passé défini : *je* failli*s* ; aux temps composés, *j'ai* faill*i*, *j'avais* faill*i* ; au participe présent, faill*ant*.

Fleurir. . . . est régulier dans le sens propre : *les arbres fleurissent, fleurissaient.* Dans le sens figuré, on dit : *ils florissaient, florissant ; Virgile florissait, un empire florissant.*

Fuir . . . . . *Je* fui*s*, *nous* fu*yons*, *ils* fui*ent*, *que je* fui*e*, *que je* fui*sse*, fu*i*.

Gésir. . . . . *Il* gî*t*, *ils* gis*ent*, *il* gis*ait*, gis*ant*. Les autres temps sont inusités.

Haïr . . . . . *Je* hai*s*, *nous* haï*ssons*, *je* haï*s*, *nous* haï*mes*, hai*s*, *qu'il* haï*t*.

Mentir. . . . *Je* men*s*, *il* men*t*, men*s*, etc.

Mourir. . . . *Je* meur*s*, *nous* mour*ons*, *ils* meur*ent*, *il* mouru*t*, *il* mourr*a*, *que je* mour*usse*, mor*t*.

Offrir . . . . *J'*offr*e*, *j'*offr*is*, *que j'*offr*isse*, offer*t*, etc.

Ouïr . . . . . n'est usité qu'au participe passé : *J'ai ouï dire.*

Partir . . . . *Je* par*s*, par*s*, etc. *Répartir* (distribuer), est régulier : *on répartit des sommes.*

Repentir . . . *Je me* repen*s*, etc.

Saillir . . . . est irrégulier dans le sens de *s'avancer en dehors : ses yeux saillent, saillaient, ce balcon saillera trop.* Dans le sens de *jaillir*, il est régulier : *le sang saillit, saillissait*, etc. *Assaillir et tressaillir* se conjuguent comme *saillir*, irrégulier, excepté au futur et au conditionnel : *j'assaillerais, je tressaillerais.*

SENTIR . . .	*Je* sen*s, il* sen*t*, etc.
SERVIR . . .	*Je* ser*s, il* ser*t*, etc.
SORTIR . . .	*Je* sor*s, il* sor*t*, etc.
SOUFFRIR . . .	*Je* souffre, *je* souffri*s, que je* souffri*sse*, souffer*t,e.*
TENIR. . . .	*Ils* tienn*ent, je* tin*s, que je* tin*sse.* On conjugue de même les composés de ce verbe, *appartenir, soutenir,* etc.
VENIR. . . .	comme *tenir.*
VÊTIR . . .	*Je* vêt*s, nous* vêt*ons, je* vêt*ais*, vêt*ant.* De même *revêtir.*

148. —   TROISIÈME CONJUGAISON.

S'ASSEOIR . .	*Je* m'assied*s, nous nous* assey*ons, je* m'assey*ais, je* m'assi*s, je* m'assié*rai*, assied*s-toi*, assey*ons-nous, que je* m'assey*e, que je* m'assi*sse, s'*assey*ant*, assi*s.* On dit aussi : *il* asseoi*t, nous* asseoy*ons, ils* asseoi*ent, j'*asseoi*rai.* Ces formes sont surtout usitées dans le sens figuré : *on asseoit une statue, les fondements d'une maison,* etc., *un camp, des impôts,* etc.
AVOIR. . . .	*Voyez* sa conjugaison, p. 34.
CHOIR. . . .	n'est guère usité qu'à l'Infinitif.
DÉCHOIR. . .	*Je* déchoi*s, il* déchoi*t, nous* déchoy*ons, il* déchu*t, il* déche*rra, qu'il* déchoi*e, qu'il* déchû*t*, déchu.
DEVOIR . . .	*Je* doi*s, nous* dev*ons, je* du*s, que je* du*sse*, dû.
ECHOIR . . .	*Il* échoi*t, ils* échoi*ent, il* échu*t, il* éche*rra, qu'il* éché*e, qu'il* échû*t*, échéa*nt.*

FALLOIR...	Verbe impersonnel dont les formes sont faciles : *il* fau*t*, *il* fall*ait*, *il* fallu*t*, *il* faudr*a*, *qu'il* faille.
MOUVOIR..	*Je* meu*s*, *nous* mouvons, *je* mu*s*, *que nous* mouv*ions*, *qu'ils* meuv*ent*; *que je* mu*sse*. Conjuguez de même *émouvoir*.
PLEUVOIR..	*Il* pleu*t*, *il* pleuv*ait*, *il* plu*t*, *qu'il* pleuv*e*, pl*u*, invariable.
POURVOIR..	*Je* pourvois, *nous* pourvoy*ons*, *je* pourvu*s*, *que je* pourvoie, *que je* pourvu*sse*.
POUVOIR...	*Je* puis ou *je* peu*x*, *je* pu*s*, *je* pourr*ai*, *que je* pu*isse*, *que je* pusse. Ce verbe n'a pas d'impératif. A l'interrogatif, on dit, *puis-je?*
PRÉVALOIR.	*Voyez valoir*, sur lequel il se conjugue, à l'exception du présent du subjonctif : *que je* prévale, *que nous* préval*ions*.
RECEVOIR..	*Je* reçois, *ils* reçoiv*ent*, *je* reçu*s*, *que je* reçoive, *que je* reçu*sse*, reç*u*.
SAVOIR...	*Je* sais, *je* su*s*, *je* saur*ai*, sache, *que je* sache, *que je* su*sse*, sach*ant*.
SEOIR....	*Cela* sie*d*, *ces rubans* sié*ent bien, seyaient bien, cela vous* sié*ra ; je doute que cela vous* sié*e*. Sey*ant* et sé*ant* dans le sens d'être assis, établi, etc. Ce verbe n'a ni passé défini, ni imparfait du subjonctif.
SURSEOIR..	*Je* sursois, *nous* sursoy*ons*, *ils* sursoi*ent*, *je* sursoy*ais*, *je* sursis, *je* surseoirai, sursois, *que je* sursoie, *que je* sursi*sse*, sursoy*ant*, sursis, *e*.
VALOIR...	*Je* vau*x*, *tu* vau*x*, *il* vau*t*, *nous* valons, *je* valu*s*, *je* vaudr*ai*, vau*x*, valez (selon l'Académie); *qu'ils* vaill*ent*, *que je* valu*sse*, val*ant*.
VOIR....	*Je* vois, *nous* voyons, *ils* voient, *je* vis, *je* verr*ai*, *que je* voie, *que je* visse.

VOULOIR . . | *Je* veux, *tu* veux, *il* veu*t*, *je* voulu*s*, veuille; *que je* veuille, *que nous* voulions, *que vous* vouliez, *qu'ils* veuillent, *que je* voulusse, voulant. On dit aussi *veuillez*, comme seconde personne de l'impératif : *veuillez vous souvenir ; veuillez me répondre.*

149.— QUATRIÈME CONJUGAISON.

ABSOUDRE . . | *J'*absou*s*, *nous* absolv*ons*, *j'*absolv*ais*, *j'*absoudr*ai, que j'*absolv*e*, absolv*ant*, absou*s*, absou*te.*
Ce verbe n'a ni passé défini, ni imparfait du subjonctif. On conjugue de même *dissoudre. Résoudre* fait au passé défini, *je* résolu*s*, à l'imparfait du subjonctif, *que je* résolu*sse*, au participe passé, résol*u* et résou*s* ; celui-ci, qui n'a point de féminin, signifie *changé en brouillard*, résous *en pluie.*

BATTRE . . . | *Je* bat*s*, *tu* bat*s*, *il* bat*, bats*. Le reste est régulier.

BOIRE. . . . | *Je* boi*s*, *nous* buv*ons*, *je* buv*ais*, *je* bu*s*, boi*s*, *que je* boiv*e*, b*u*.

BRAIRE . . . | *Il* brai*t*, *ils* bray*ent*, *il* bray*ait*, *qu'il* bray*e*. Ce verbe n'a pas de passé défini, d'imparfait du subjonctif ni de participe passé.

BRUIRE . . . | *Il* brui*t*, (*les flots bruyent, les feuilles bruissent*) ; *il* bruy*ait*, *il* bruiss*ait*, bruy*ant*. Les autres temps sont inusités.

CEINDRE. . . | Voyez *peindre.*

CLORE. . . . | *Je* clo*s*, *il* clô*t*, *je* clor*ai*, clo*s*, clo*s*. Les autres formes sont inusitées. *Eclore* fait, *ils* éclo*sent*, *qu'il* éclos*e.*

CONCLURE . . | *Je* conclu*s*, *nous* conclu*ons*, *je* conclu*s*,

	que je conclue, *que je* conclusse. *Exclure* se conjugue de même.
CONDUIRE . .	*Je* conduis, *que je* conduisisse, conduit, etc.
CONFIRE. . .	*Je* confis, *que je* confisse, confit, etc.
CONNAITRE .	*Je* connais, *il* connaît, *nous* connaissons, *je* connus, *que je* connusse. Conjuguez de même *reconnaître, méconnaître.*
COUDRE. . .	*Je* couds, *nous* cousons, *je* cousis, *je* coudrai, *que je* couse, *que je* cousisse.
CRAINDRE . .	Voyez *peindre.*
CROIRE . . .	*Je* crois, *nous* croyons, *ils* croient, *je* crus, *que je* croie, *que je* crusse.
CROÎTRE. . .	*Je* croîs, *je* crûs, *que je* crûsse, crû, etc.
DIRE	*Je* dis, *nous* disons, *vous* dites, *je* dis, dites, *que je* disse, dit. On conjugue de même *redire;* mais les autres composés, *contredire, dédire, interdire, médire, prédire,* font, *vous vous contredisez, vous vous dédisez,* etc. Pour l'impératif, l'usage est partagé; *maudire* fait, *nous maudissons, vous maudissez,* etc.
DISSOUDRE .	Voyez *absoudre.*
ECLORE. . .	Voyez *clore.*
ECRIRE . . .	*J'*écrivis, *que j'*écrivisse, écrit, etc.
ETRE	Voyez sa conjugaison, p. 34.
EXCLURE . .	Voyez *conclure.*
FAIRE. . . .	*Nous* faisons, *vous* faites, *je* faisais, *je* fis, *je* ferai, faisons, faites, *que je* fisse, faisant, fait. Conjuguez de même les composés *refaire, défaire, contrefaire, surfaire, satisfaire.*
FEINDRE . .	Voyez *peindre.*
FRIRE. . . .	*Je* fris, *tu* fris, *il* frit, *je* frirai, fris,

frit. Les autres formes sont inusitées.

Lire	*Je* lus, *que je* lusse, *etc.*
Luire. . . .	*Il* luit, *il* luisait, *il* luira, luis, *qu'il* luise, lui, invariable. Point de passé défini et d'imparfait du subjonctif.
Maudire . .	Voyez *dire.*
Mettre. . .	*Je* mets, *je* mis, *que je* misse.
Moudre . .	*Je* mouds, *nous* moulons, *je* moulus, *je* moudrai, *que je* moule, *que je* moulusse, moulant, moulu. Conjuguez de même *émoudre, rémoudre.*
Naître . . .	*Je* nais, *il* naît, *nous* naissons, *je* naquis, *je* naîtrai, *que je* naquisse.
Paître . . .	*Je* pais, *il* paît, *nous* paissons, *je* paîtrai. Point de passé défini ni d'imparfait du subjonctif. *Se repaître*, fait au passé défini : *je me* repus, et à l'imparfait du subjonctif, *que je me* repusse.
Paraître . .	*Je* parais, *il* paraît, *nous* paraissons, *je* parus, *que je* parusse.
Peindre. . .	*Je* peins, *nous* peignons, *je* peignis, *que je* peignisse, peint. On conjugue de même les verbes en *indre*, comme plaindre, teindre, joindre, *etc.*
Plaire . . .	*Je* plais, *il* plaît, *nous* plaisons, *je* plus, *que je* plusse.
Prendre . .	*Je* prends, *ils* prennent, *je* pris, *que je* prenne, *que nous* prenions, *qu'ils* prennent, *que je* prisse.
Résoudre. .	Voyez *absoudre.*
Rire	*Je* ris, *que je* rie, *que nous* riions, *que je* risse, ri.
Suffire. . .	Voyez *confire.*
Suivre . . .	*Je* suivis, *que je* suivisse, suivi. Conjuguez de même *poursuivre, s'ensuivre.*
Taire . . .	*Je* tus, *que je* tusse, tu.
Traire . . .	*Nous* trayons, *que je* traye, trait. Ce verbe n'a ni passé défini, ni imparfait du

*3

	subjonctif. Conjuguez de même *abstraire, se distraire, extraire, soustraire.*
VAINCRE . .	*Je* vaincs, *il* vainc, *nous* vainqu*ons*, *je* vainqu*ais*, *je* vainquis, *que je* vainquisse, vainqu*ant*, vainc*u*. Conjuguez de même *convaincre.*
VIVRE . . .	*Je* vécu*s, que je* vécu*sse*, vécu. Conjuguez de même *revivre* et *survivre.*

Observation générale sur le Participe passé.

150.—Le Participe passé ne se termine par une *s* ou un *t* que quand ces consonnes sont appelées par le féminin : clo*s*, mi*s*, écri*t*, etc. Ainsi l'on écrira sans *s* et sans *t* : *nui, lui, suffi, vécu, plu,* etc., qui n'ont point de féminin.

CHAPITRE V.

DES INVARIABLES.

§ 1. DES ADVERBES.

151. — *L'homme prudent agit prudemment; le méchant, méchamment.*

L'adverbe en *aman* s'écrit avec deux *m* et prend un *e* ou un *a*, selon l'orthographe finale de l'adjectif dont il dérive. On écrit aussi par un *e, sciemment,* et par *a, notamment, nuitamment.*

NOTA. 1° La finale adverbiale *man* s'écrit toujours par *ment.*

2° Il faut dire *profondément, aveuglément, énormément, opiniâtrément, uniformément,* et non *profondement,* etc.

152. — *Encore* ne perd l'*e* final que dans la poésie, pour y figurer comme dissyllabe (21).

153. — *Jusque* prend quelquefois une *s,* par euphonie : *JUSQUES A QUAND abuserez-vous de ma patience ?*

Il prend l'apostrophe avant une voyelle : *jusqu'ici, jusqu'aujourd'hui.*

154. — *Même.* Voyez la Syntaxe (n° 172).

155. — *Où,* adverbe ou pronom, prend l'accent grave; comme conjonction, il peut se traduire par *ou bien,* et s'écrit sans accent : Où *irez-vous ? A Paris* ou *à Lyon ?*

156. — *Plus tôt,* qui réveille une idée de temps, se dit en opposition à *plus tard : J'arriverai PLUS TÔT qu'à l'ordinaire.*

Plutôt réveille une idée de choix, de préférence :

PLUTÔT *souffrir que mourir.* (La Fontaine.)

157. — *Presque* ne prend généralement l'apostrophe que dans *presqu'île*, expression substantive. On la voit cependant quelquefois avant les prépositions *à* et en : PRESQU'A *l'heure*, PRESQU'EN *même temps*.

158. — *Quelque.* Voyez la Syntaxe (n° 172).

159. — *Tout.* Voyez la Syntaxe (n° 172).

160. — Les mots *alentour* et *davantage*, employés comme adverbes, ont perdu l'apostrophe.

A l'entour de, expression prépositive, est aujourd'hui peu usité ; mais c'est ainsi qu'il faut l'écrire :

> *Le malheureux lion se déchire lui-même,*
> *Fait résonner sa queue* A L'ENTOUR *de ses flancs.*
> (La Fontaine.)

161. — L'*a* final des adverbes prend un accent grave : *allez-là*, *viens-çà*, *il est déjà trop loin.*

162. — Les mots d'une expression adverbiale sont souvent séparés l'un de l'autre par un trait d'union : *sur-le-champ.*

§ 2. DES PRÉPOSITIONS.

163.— Les mots *à* et *dès*, comme prépositions, prennent un accent grave : *il est* à *l'ouvrage* dès *le matin.*

A, l'une des formes du verbe *avoir*, s'écrit sans accent : *Il* A *raison.*

164. — *Quant à.* Cette expression prépositive signifie *à l'égard de, pour ce qui regarde*, et s'écrit toujours avec un *t* : QUANT à *moi, je pense autrement ;* QUANT *aux menaces, je les brave.*

Quand, conjonction, signifie *dans quel temps, lorsque*, et prend un *d. Quant à moi, je partirai* QUAND *j'aurai le temps.* QUAND à *la science ont joint la modestie, on n'en est que plus estimé.*

165.— *Entre* ne prend l'apostrophe que dans l'expression substantive *entr'acte*, et dans *entr'ouvrir, s'entr'aider*, et autres verbes.

§ 3. DES CONJONCTIONS.

166. — *Parce que*. Cette conjonction s'écrit en deux mots, et signifie *attendu que*. PARCE QUE *vous dites la vérité, je vous crois*.

Par ce que, en trois mots, n'est pas conjonction ; il signifie *par cela que, par la chose* ou *les choses que*. PAR CE QUE *vous dites, je vois que vous avez raison*.

Puisque, lorsque et *quoique*, prennent l'apostrophe avant les mots *il, elle, on, ils, elles, un, une*.

En général l'*e* de ces mots s'élide avant un invariable monosyllabe commençant par une voyelle, comme dans QUOIQU'à *regret*.

167. — *Quoique*, conjonction, s'écrit en un seul mot. QUOIQUE *vous disiez la vérité, on ne vous croira pas*.

Quoi que, en deux mots, signifie *quelque chose que*. QUOI QUE *vous fassiez, vous ne réussirez pas*.

168. — *Si*. L'*i* de cette conjonction s'élide avant les pronoms *il, ils :* s'*il vient*, s'*ils arrivent*.

§ 4. DES EXCLAMATIONS.

169. — *Ah !* exprime la joie ou la douleur, et *ha !* la surprise : AH ! *quel bonheur !* HA ! *c'est vous*.

170. — *Ho !* marque l'étonnement : *Ho ! que dites-vous ?* On s'en sert aussi pour appeler.

Oh ! s'emploie dans les autres exclamations : OH ! *quel bonheur !*

O ! est en général un signe d'appellation, d'invocation, et s'emploie avant les substantifs et les pronoms : *ô mon frère ! ô vous, qui m'aimez !*

171. — *Hé !* sert principalement à appeler, à avertir : *Hé ! venez donc ;* HÉ ! *qu'allez-vous faire ?* On écrit : *hé bien ! hé quoi !*

Eh ! exprime mieux la douleur, la plainte.

LIVRE QUATRIÈME.

DE LA SYNTAXE.

172. — La *Syntaxe* est une partie de la Grammaire, qui a pour objet l'analyse de la proposition et de la phrase, les rapports des mots entre eux, leur concordance, leur emploi et leur construction ; c'est donc une des parties les plus importantes de la science grammaticale.

CHAPITRE Ier.

DE L'ANALYSE LOGIQUE.

§ 1. DE LA PROPOSITION ET DE SES PARTIES CONSTITUTIVES.

173. — La *Proposition* est l'énonciation d'un jugement, comme dans *Dieu est juste* (5).

Elle est composée de trois parties essentielles : le *sujet*, le *verbe* et l'*attribut*.

Le *sujet* exprime l'objet du jugement ; l'*attribut*, la qualité attribuée au sujet ; le *verbe*, le rapport de l'un à l'autre.

Dans la proposition précédente, *Dieu* est donc le sujet ; *est*, le verbe ; *juste*, l'attribut.

La *phrase* (8) est généralement composée de plusieurs propositions, comme dans *Dieu, qui est juste, nous récompensera*.

C'est la décomposition de la proposition et de la phrase en leurs diverses parties, essentielles ou accessoires, qu'on appelle ANALYSE LOGIQUE.

§ 2. DU SUJET ET DE L'ATTRIBUT.

174. — *Dieu est bon, IL est miséricordieux; l'AIMER est un devoir.*

Le sujet d'une proposition est ou un *substantif*, ou un *pronom*, ou un *mot employé substantivement*.

175. — *Dieu EST juste, il PUNIT, il RÉCOMPENSE.*

Le verbe d'une proposition est une des formes du verbe *être* ou un *verbe attributif* (7).

176. — *Dieu est ÉTERNEL. C'était LUI. C'est votre FRÈRE. Souffler n'est pas JOUER.*

L'attribut d'une proposition est exprimé ou par un adjectif, ou par un pronom, ou par un mot employé attributivement.

177. — Dans cette proposition, *le lion et le tigre sont cruels*, le *sujet*, comprenant plusieurs substantifs à chacun desquels convient l'attribut, est dit *composé* ou *multiple*.

L'*attribut* est de même *composé*, comme dans *Dieu est juste et bon*.

Dans le cas contraire, le sujet et l'attribut sont *simples : le lion est cruel, Dieu est juste*.

178. — Le sujet et l'attribut sont souvent accompagnés de diverses modifications, comme dans *l'amour MATERNEL, l'amour D'UNE MÈRE est BIEN grand*.

Dans ce cas ils sont *modifiés* ou *complexes*.

179. — Dans cette phrase, *l'amour qu'on lui témoigne est fondé sur la reconnaissance*, les modifications du sujet et de l'attribut composent avec eux ce qu'on appelle le *sujet* et l'*attribut logiques*, tandis que les mots *amour* et *fondé* sont nommés *sujet* et *attribut grammaticaux*. Le *sujet logique* est donc toute la partie de la proposition que l'esprit embrasse comme sujet; et le *sujet grammatical*, le mot avec lequel s'accorde le verbe.

§ 3. DIVERSES ESPÈCES DE PROPOSITIONS.

180. — Il y a entre les deux propositions, *tu es juste* et *sois juste*, cette différence que, dans la première, les trois parties sont énoncées, et que, dans la seconde, une des trois est omise, c'est le sujet.

Dans le premier cas, la proposition est *pleine* ou *entière;* dans le second, elle est *elliptique* (93).

Dans *moi, je suis heureux*, il y a au contraire surabondance, deux mots représentant le même sujet, *moi* et *je;* c'est alors que la proposition est dite *explétive.*

181. — Dans cette proposition : *le soleil est brillant*, les trois parties sont énoncées distinctement, tandis que dans celle-ci : *le soleil brille*, il y en a deux (le verbe et l'attribut) qui sont comprises dans un seul mot (7).

Dans le premier cas, la proposition est *explicite*, c'est-à-dire développée, et dans le second elle est *implicite.*

Les mots essentiellement exclamatifs (169, 171) comme *hélas ! ho ! fi !* sont autant de propositions *implicites.*

182. — Les parties de la proposition, dans leur ordre grammatical, sont : 1° le *sujet*, 2° le *verbe*, 3° l'*attribut*, comme dans *la flatterie est perfide;* la proposition est alors *directe.*

Quand cet ordre n'est pas observé, la proposition est *inverse*, comme dans *perfide est la flatterie.*

§ 4. DES COMPLÉMENTS.

183. — Dans cette proposition, *l'homme de bien préfère toujours l'honneur à l'intérêt*, outre les trois parties essentielles, on en remarque d'autres qui servent à en compléter le sens, ce sont des *compléments.*

Ici le sujet a pour complément les mots *de bien ;* et le verbe, les mots *l'honneur, à l'intérêt, toujours.*

184. — Ce complément du sujet est *qualificatif*, comme dans *la religion chrétienne*, ou *déterminatif*, comme dans *la religion du Christ, la religion de ce peuple, la religion que suit ce peuple.*

185. — Nous avons vu (74 à 78) que le complé-

ment du verbe est *direct, indirect* ou *adverbial; direct,* s'il répond à la question *qui?* ou *quoi? indirect,* aux questions *à qui? de qui? de quoi? par qui? par quoi?* et *adverbial,* à toute autre question; de sorte que, dans la proposition précédente, le complément direct est *l'honneur,* l'indirect, *à l'intérêt,* et l'adverbial, *toujours.*

[Il est de la plus grande importance d'exercer l'élève sur la recherche des compléments, dont la connaissance est nécessaire pour l'orthographe des participes passés.]

Le verbe *être* n'a pour complément que la négation : *il n'est pas heureux.*

Propositions à analyser. — 1° La vertu est aimable. L'or est pesant. Le fer est utile. Marseille est commerçante. Alexandre fut magnanime. La ville a été prise. Nous sommes mortels. Mentir est honteux. Le lion rugit. Le feu brille. Il est mon frère. C'est elle.

2° L'or et le platine sont pesants. Le mensonge et l'envie sont des vices. L'or est brillant et pesant. L'exercice et la diète sont utiles. Promettre et tenir sont deux.

3° L'homme instruit est considéré. L'amour de la vie est naturel à l'homme. La crainte de Dieu est le commencement de la sagesse.

4° Sois docile, tu seras récompensé. L'un est satisfait, l'autre, mécontent. Moi, je suis heureux. Vivre ainsi, c'est mourir. L'enfant dort. Il est caressant. Telle fut sa mort. Êtes-vous heureux?

5° L'amour de l'ordre est une précieuse qualité. J'étudie la musique. Je respecte mes maîtres. J'obéis à mon père. La nuit succède au jour. J'ai reçu ce livre de ma sœur. Je joue tout à mon aise. Elle danse agréablement. J'écrirai demain une lettre à sa mère.

§ 5. DIVISION DE LA PHRASE EN PROPOSITIONS.

186. — Lorsqu'une phrase est composée de plusieurs propositions, essentiellement dépendantes l'une de l'autre, comme dans *je doute qu'il soit heureux, je crois qu'il est satisfait, je ne sais si vous avez étudié la leçon que vous a donnée votre maître,* celle dont dépendent les autres est une *proposition primordiale* ou *principale;* les autres sont *complétives* ou *secondaires.*

187. — Si, comme dans *j'irai si je le puis*, la proposition complétive ajoute à la signification entière de la primordiale, elle est *complétive totale*; si, comme dans *la leçon qu'on m'a donnée est longue, j'étudie la leçon qu'on m'a donnée*, la proposition complétive ne tombe que sur un des membres de la principale, elle est *complétive partielle*; c'est ce qu'on appelle ordinairement *proposition incidente*.

188. — Dans ces phrases, *le lion, qui est un animal féroce, est sensible à de bons traitements; le lion qui est à la ménagerie est apprivoisé*, il y a deux propositions *complétives partielles* : la première, pouvant être omise sans nuire au sens de la primordiale, est dite *explicative* ou *accessoire*; la seconde, déterminant ou restreignant la partie de la proposition primordiale qu'elle complète, et dont elle ne peut être détachée, est dite *déterminative*.

La proposition *complétive partielle* est donc *explicative* ou *déterminative*.

189. — Les propositions qui sont, ainsi que les précédentes, nécessairement dépendantes ou subordonnées, sont appelées *propositions relatives*, par opposition à celles qui sont isolées, comme : *Dieu est juste*, ou qui se suivent sans dépendance essentielle, comme : *Dieu est juste, il est bon, sa puissance est infinie*, et qui sont alors dites *absolues*.

190. — Une forme verbale ne constitue réellement le verbe d'une proposition que quand elle est à un mode défini (79); ainsi il n'y a qu'une proposition dans chacune des énonciations suivantes : *il désire vous voir, elle vient de lire, il s'applique à écrire, il compte pouvoir vous faire sortir*.

191. — [L'analyse logique, sur laquelle il ne faut pas trop insister, présente souvent de grandes difficultés que nous ne pouvons signaler ici; il y a même des parties de phrases qui résistent à toute espèce d'analyse rationnelle : ce sont certains *gallicismes*, tours particuliers à la langue française, tels que, *il y a des hommes, je me meurs, c'est à vous que je parle*, etc.]

Phrases à analyser. — 1° Je crains qu'il ne soit malade. Je sais qu'il est parti. Je vous récompenserai, si vous travaillez bien. Je pense, donc je suis. Je vous cherche, car j'ai besoin de vous.

2° Le temps, qui fuit sur nos plaisirs, semble s'arrêter sur nos peines. Le temps que vous avez perdu ne se réparera jamais.

CHAPITRE II.

DU SUBSTANTIF.

SECTION Ire. — DU NOMBRE.

§ 1. DU SIGNE DE PLURALITÉ.

192. — *Les Corneille et les Racine ont illustré la scène française. Les deux Corneille sont nés à Rouen. Les Corneilles et les Racines sont rares.*

Le substantif propre (40) ne prend le signe du pluriel que quand il est employé figurément pour un substantif commun : *les Corneilles sont rares,* c'est-à-dire *les grands poëtes.*

C'est ainsi qu'on dit : *des Catons,* pour *des sages, des Nérons,* pour *des tyrans,* etc.

Ainsi l'on écrira : *les Boileau et les Gilbert furent les Juvénals* (a) *de leurs siècles.*

Observation. A l'imitation des Latins, on écrit au pluriel : les *Horaces,* les *Gracques,* les *Scipions,* etc. On écrit de même généralement, les *Stuarts,* les *Guises,* les *Condés,* les *Bourbons,* mots qui sont plutôt considérés comme noms de grandes et illustres familles que comme noms d'individus.

193. — *Il y a dans ces opéras des duos et des quatuors qui font l'admiration des dilettanti. Voilà un recueil précieux de fac-simile.*

(a) Juvénal, poëte satirique latin.

Il est presque généralement reçu d'écrire aujourd'hui avec le signe du pluriel, la plupart des noms dérivés de langues étrangères ; en effet, ces noms, employés comme des substantifs français, doivent subir les mêmes inflexions.

On en excepte cependant :

1° Certains noms italiens, dont nous employons les deux formes numériques usitées dans cette langue : *Un dilettante, des dilettanti, un lazzarone, des lazzaroni, un carbonaro, des carbonari*, etc.

Mais on écrit avec une *s* : *des macaronis, des lazzis, des concettis*, mots devenus tout à fait français.

2° Les noms composés, comme *Te Deum, ex-voto, mezzo-termine, fac-simile, auto-da-fé*, etc.

194. — *Près des* GARDE-MANGER *il y a souvent un* ESSUIE-MAINS.

Garde-manger et *essuie-mains* sont des substantifs composés (45).

Des garde-manger sont des armoires où l'on garde le manger.

Un essuie-mains est un linge auquel on s'essuie les mains.

On voit que la décomposition ou l'explication du substantif composé en indique l'orthographe, relativement au nombre, à l'exception du verbe, qui reste toujours au singulier.

Il s'ensuit naturellement que les mots essentiellement invariables (38) ne prennent pas le signe du pluriel, comme dans *des entre-côtes, des avant-scènes, des arrière-boutiques, des quasi-délits*, etc.

Pour orthographier, quant au nombre, un substantif composé, il faut donc en bien connaître la signification, le décomposer, et en écrire chaque partie d'après le sens numérique qu'amène cette décomposition ; nous venons de voir que le verbe reste au singulier.

EXEMPLES.

1° *Une plate-bande.* — *Des plates-bandes.*
Une garde-malade (a). — *Des gardes-malades.*
Un garde-magasin. — *Des gardes-magasins.*
Un terre-plein. — *Des terre-pleins.*
Un Hôtel-Dieu. — *Des Hôtels-Dieu.*
Un appui-main. — *Des appui-main.*

2° *Un couvre-pieds.* — *Des couvre-pieds.*
Un abat-jour. — *Des abat-jour.*
Un garde-vue. — *Des garde-vue.*

3° *Un passe-partout.* — *Des passe-partout.*
Un réveille-matin. — *Des réveille-matin.*
Un pour-boire. — *Des pour-boire.*
Un vice-roi. — *Des vice-rois.*

4° *Un arc-en-ciel.* — *Des arcs-en-ciel.*
Un croc-en-jambe. — *Des crocs-en-jambe.*
Un vole-au-vent. — *Des vole-au-vent.*
Un pied-à-terre. — *Des pied-à-terre.*
Un tête-à-tête. — *Des tête-à-tête.*
Un coq-à-l'âne. — *Des coq-à-l'âne.*

195. — *Les* si, *les* mais, *les* car, *les* donc, *abondent dans les plaidoyers.*

Les mots essentiellement invariables (38), employés substantivement, ne prennent pas le signe du pluriel.

On écrit cependant au pluriel, *prendre les devants, rester sur les derrières de l'armée,* ces mots étant passés à l'état de substantif ; c'est ainsi qu'on écrit : *les dires, les rires, des pourparlers,* etc.

(*a*) Le mot *garde* exprimant une personne est substantif.

§ 2. DE L'EMPLOI DU NOMBRE.

[L'emploi du nombre dans le Substantif est une des grandes difficultés de la Syntaxe, et sur laquelle les auteurs et les grammairiens sont rarement d'accord. Nous allons cependant présenter quelques faits incontestés, qui pourront servir de types à l'élève, et le guider pour les cas analogues.]

196. — *Je préfère la marmelade de* POMME *à la compote de* POMMES.

On écrit, au singulier, marmelade de *pomme,* parce que, dans cette circonstance, le fruit ayant perdu sa forme, l'idée de quotité ou de nombre est effacée par celle de quantité sans distinction de parties ; tandis que, dans la compote de *pommes,* l'idée de pluralité domine, les pommes y sont visibles : dans le premier cas, c'est *de la pomme ;* et, dans le second, ce sont *des pommes.*

C'est ainsi qu'on écrit, *gelée de* GROSEILLE *et confitures de* GROSEILLES *de Bar.*

197. — *J'ai cueilli un bouquet de* ROSES *et un de* GIROFLÉE.

Des roses et *de la giroflée* composent ce bouquet : de là l'emploi des deux nombres.

On écrira de même, *un paquet de plumes* et *un lit de plume.*

NOTA. Ces exemples ont quelque rapport avec les précédents : *de la giroflée, de la plume,* expriment une quantité sans distinction de parties ; *les roses, les plumes,* se comptent par unités.

198. — *Il y a trois genres d'éloquence : le délibératif, le judiciaire, le démonstratif. Le verbe a trois sortes de compléments : le direct, l'indirect et l'adverbial.*

Ces deux phrases peuvent s'interpréter ainsi : L'éloquence présente trois genres ; le verbe a trois compléments.

199. — *Cet auteur est avide de gloire, et insatiable de louanges. Je préfère une bourse à ressort à une bourse à coulants.*

Dans ces exemples, le singulier et le pluriel sont encore appelés par le sens : *La gloire* et *les louanges* ne peuvent le satisfaire.

On écrit au singulier, *je les prends à témoin,* parce que ce mot signifie ici *témoignage;* tandis qu'on écrit au pluriel, *je les prends pour témoins.*

200. — *Ils ont cédé* LEUR MAISON *à* LEUR COMMIS.

Ils ont cédé LEURS MAISONS *à* LEURS COMMIS.

Dans le premier cas il ne s'agit que d'*une* maison et d'*un* commis.

201. — *Je ne le ferais point pour* TOUTE CHOSE *au monde.*

Dieu est le créateur de TOUTES CHOSES.

Pour toute chose signifie *pour une chose quelconque, une chose quelle qu'elle soit; toutes choses,* au pluriel, signifie *toutes les choses, tous les êtres.*

202. — *J'ai* QUELQUE PLAISIR *à le revoir.*

Que de peines pour QUELQUES PLAISIRS.

La première phrase peut se traduire par : J'ai du plaisir à le revoir, et la seconde par : Que de peines pour plusieurs plaisirs!

203. — *Le premier et le second* LIVRE *ont été traduits bien différemment par l'un et l'autre* ÉCRI-VAIN.

Livre et *écrivain* doivent rester ici au singulier, parce qu'il y a ellipse du substantif *livre* après l'adjectif *premier;* et que, par analogie, on emploie de même le singulier après *l'un et l'autre.*

D'ailleurs, le substantif ne reçoit point la loi de l'adjectif, et ce qui le prouve évidemment, c'est qu'on ne dirait pas : *le premier et le second généraux, l'un et l'autre chevaux.*

On voit donc, par les exemples précédents, que, si l'on éprouve quelque difficulté sur le choix du nombre, il faut s'interroger soi-même, savoir ce qu'on veut dire, et, au besoin, s'aider de l'interprétation ou de la traduction, en donnant à la phrase une forme qui lève toute équivoque.

SECTION II. — DU GENRE.

§ 1. SUBSTANTIFS DES DEUX GENRES.

204. — *Amour,* dans le sens de passion, *délice* et *orgue,* sont masculins au singulier et féminins au pluriel : *un long amour, de longues amours ; un grand délice, de grandes délices ; un bel orgue, de belles orgues.*

NOTA. *Amour,* dans ce sens, est cependant quelquefois masculin au pluriel.

205. — *Aigle*, nom de l'animal, est masculin ; dans le sens d'*enseigne,* d'*armoiries,* il est féminin, *les aigles romaines, l'aigle éployée.*

206. — *Couple,* désignant simplement le nombre *deux,* est féminin : *une couple de pigeons ;* si, à cette idée de nombre se joint celle d'*union,* d'*assortiment, couple* est masculin : *un couple de pigeons* (le mâle et la femelle), *un couple d'amis,* etc.

207. — *Enfant* est féminin s'il désigne spécialement une personne du sexe féminin : *quelle JOLIE enfant! Dans cette pension de demoiselles il y a de JOLIES enfants.*

208. — *Foudre,* employé figurément, est masculin : *les foudres lancés par les papes* (l'excommunication); *les foudres souterrains* (les volcans); *les foudres tonnants* (les canons).

209. — *Hymne* n'est féminin que dans le sens de *chant d'église : les BELLES hymnes de Santeuil.*

210. — *OEuvre* est féminin : *une BONNE œuvre, des œuvres CHOISIES,* excepté dans le sens d'ouvrage de musique ou de gravure : *le PREMIER œuvre de Mozart, de Callot.* On dit aussi : *le GRAND œuvre* pour *la pierre philosophale.* Voilà pourquoi ce mot est encore masculin quand il signifie une entreprise importante, un travail remarquable.

211. — *Office* n'est féminin que quand il signifie préparation des desserts, ou le lieu où l'on garde tout ce qui sert au service de la table : *Il entend bien l'office, il l'a APPRISE d'un grand maître; de BELLES et VASTES offices.*

212. — *Orge* n'est masculin que dans *orge mondé, orge perlé.*

213. — *Pâque,* fête des Juifs, est féminin : *faire la pâque.*

Pâque ou plutôt *Pâques,* fête chrétienne, est masculin : *Quand Pâques sera VENU. Pâques est TARDIF cette année.* Mais on le fait féminin dans les expressions suivantes où il ne s'emploie qu'au pluriel : *Pâques FLEURIES. Pâques CLOSES. Mes pâques sont FAITES.*

214. — *Personne,* employé d'une manière indéfinie, est masculin : *Personne n'est VENU. Connaissez-vous personne de plus POLI.*

Cependant on dira : *Personne n'est plus JOLIE qu'elle,* parce qu'ici le mot *personne* se rapporte spécialement au sexe féminin.

215. — *Quelque chose* est généralement masculin : *quelque chose qu'on m'a DIT m'a fait plaisir.* Mais dans le sens de *quelle que soit* ou de *quelle que fût la chose,* il est féminin : *quelque chose qu'on m'ait DITE, j'ai résisté; quelque chose qu'on nous ait PROPOSÉE, nous l'avons REFUSÉE.*

216. — Il y a des substantifs qui, essentiellement mas-culins ou féminins, changent de genre par ellipse, comme *remise : une grande remise, un grand remise,* c'est-à-dire un grand carrosse de remise.

Sont dans la même catégorie, les substantifs *es-pace, garde, interligne, période, trompette.*

Exemple, essentiellement masculin, est employé au féminin lorsqu'il désigne *une pièce d'écriture :* UNE BELLE *exemple.*

§ 2. SUBSTANTIFS SUR LE GENRE DESQUELS ON SE TROMPE QUELQUEFOIS.

217. — 1° Sont masculins : *Acabit, albâtre, amadou, amalgame, amiante, anis, antidote, armistice, auspice, autel, automate, balustre, centime, chanvre, cigare, con-combre, crabe, décombres, éclair, émétique, emplâtre, épiderme, épilogue, épithalame, équilibre, équinoxe, éré-sipèle, escompte, esclandre, évangile, éventail, exorde, girofle, hémisphère, hémistiche, horoscope, hospice, hôtel, incendie, indice, intervalle, ivoire, légume, mânes* (les), *midi* précis, *monticule, omnibus, ongle, orchestre, ou-vrage, panache, parafe, pétale, pleurs, rebours* (au), *renne* (animal), *simples* (des), *ulcère, ustensile, vivres* (des).

218. — 2° Sont féminins : *Aire, alcôve, ancre, anti-chambre, argile, arrhes* (des), *artère, atmosphère, dinde, ébène, écritoire, enclume, équivoque, fibre, horloge, hortensia, hypothèque, idole, immondices, nacre, paroi, patère* (ornement), *pédale, sandaraque, stalle, ténèbres, thériaque.*

SECTION III. — CONSTRUCTION.

SUBSTANTIFS EMPLOYÉS COMME COMPLÉMENTS.

219. — *L'avare sacrifie à l'intérêt son* HONNEUR *et sa* VIE.

Quand un verbe a deux compléments, l'harmonie exige que le plus long se place le dernier.

Quand ils sont d'égale longueur, le complément direct se place généralement le premier : *L'avare sacrifie* L'HONNEUR *à* L'INTÉRÊT.

220. — Ce serait mal s'expliquer que de dire : *Je connais et me sers* DE *mes avantages ;* parce que chacun des verbes de cette phrase exige un complément différent : *connaître* SES *avantages, se servir* DE *ses avantages.*

Il faut donc dire : *Je connais* MES *avantages et je m'*EN *sers,* en donnant à chaque verbe le complément qui lui convient ; ou bien il faut employer deux verbes qui aient le même complément.

CHAPITRE III.

DE L'ADJECTIF.

SECTION Ire.—ORTHOGRAPHE.

§ 1. DE L'ADJECTIF QUALIFICATIF.

221. — L'adjectif qualificatif, comme nous l'avons vu (104), s'accorde en genre et en nombre avec le substantif ou le pronom qu'il modifie : *un* JOLI *jardin, une* JOLIE *maison, de* JOLIS *jardins, de* JOLIES *maisons.*

222. — FEU *la reine, la* FEUE *reine.*

L'adjectif *feu,* qui signifie *défunt,* n'est variable que quand il est précédé d'un adjectif déterminatif.

223. — *Elle dort la tête* NUE, *elle dort* NU-*tête.*

L'adjectif *nu* est invariable quand, précédant son substantif, il forme avec lui une expression adverbiale (98).

224. — *Une* DEMI-*heure, une heure et* DEMIE.
Midi et DEMI, *trois heures et* DEMIE.

Le mot *demi*, précédant immédiatement le substantif, est invariable et forme avec lui une expression substantive (45) ; s'il le suit, il en prend le genre.

Dans le premier cas *demi* paraît être employé adverbialement par analogie avec les expressions *demi-mort, à demi cuit,* etc.

225. — *ÉCLAIRÉS par l'expérience, les VIEILLES gens sont prudents.*

L'adjectif qualificatif, en rapport avec le substantif *gens*, ne se met au féminin que quand il le précède immédiatement.

OBSERVATIONS. — 1° On dit : *les bonnes et vieilles gens,* pour éviter le rapprochement bizarre de deux adjectifs de différents genres.

2° Quand le substantif *gens* est suivi d'un déterminatif, comme dans *gens d'honneur, gens de bien, gens de robe, gens de lettres,* etc., il est masculin, et l'adjectif qui le précède prend le même genre : *de VRAIS gens de bien, de VERTUEUX gens de lettres,* etc.

226. — *On est HEUREUSE quand on est mère. Ici l'on est ÉGAUX (a).*

L'adjectif qui suit le pronom indéfini *on*, se met quelquefois au féminin et au pluriel ; c'est quand il se rapporte évidemment à une personne du sexe féminin, ou qu'il réveille nécessairement une idée de pluralité, ou, pour mieux dire, de mutualité ; encore, dans ce dernier cas, faut-il qu'il y ait ellipse d'un substantif auquel se rapporte l'adjectif : *on est égaux,* c'est-à-dire, *on est des gens égaux.*

Cet accord est plutôt sylleptique que grammatical (b).

On écrira au singulier : *on est réuni, on est assemblé,* parce qu'il n'y a ni ellipse ni syllepse.

(a) Inscription d'un cimetière.

(b) L'accord est sylleptique quand il se fait avec un mot

227. — *Des souliers* PONCEAU, *des ceintures* ORANGE, *des rubans* BLEU-CLAIR.

Il ne faut pas considérer comme adjectifs certains substantifs qui, par ellipse, sont apposés à d'autres pour les modifier ; l'esprit supplée facilement les mots *couleur de*, qui sont sous-entendus. Ces sortes d'expressions elliptiques restent au singulier.

On fait varier cependant les mots *rose, cramoisi* et *mordoré*, qui sont devenus adjectifs : *des rubans* ROSES, *une ceinture* CRAMOISIE, *des souliers* MORDORÉS.

228. — *Tenez vos lunettes* FERMES.
Tenez ces enfants FERME.

Le même mot, comme on le voit, peut être employé comme adjectif et comme adverbe ; dans ce dernier cas, il est toujours invariable.

En voici quelques exemples : *Ces étoffes me paraissent* CHÈRES. *Elles coûtent* CHER. *Un tailleur prend ses mesures* JUSTES. *Un homme prudent prend ses mesures* JUSTE. *Depuis longtemps les habits sont restés* COURTS. *Que d'orateurs sont restés* COURT.

229. — *Ce sont les* MÊMES *gestes. Ce sont ses gestes* MÊMES. *On admire* MÊME *ses gestes, ses gestes* MÊME.

Ainsi que les mots précédents, *même* est adjectif et adverbe.

Adjectif, il exprime un rapport de *similitude*, comme dans *les mêmes gestes*, ou d'*identité*, comme dans *ce sont ses gestes mêmes* ; c'est-à-dire, ses gestes *eux-mêmes*, ses *propres* gestes.

Adverbe, ce mot réveille une idée d'*extension*, comme dans *on admire même ses gestes*, ou, par transposition,

---

qu'on a dans l'esprit, et non avec un mot exprimé et qui exigerait grammaticalement cet accord ; c'est une figure appelée *syllepse*.

ses gestes même. Ici *même*, abréviation de *mémement*, peu usité, exprime que l'admiration s'*étend* des paroles aux gestes : il y a donc *extension.*

Dans ce cas, *même* est presque toujours transposable sans altération du sens ; il signifie *de plus, aussi, jusqu'à,* et doit être invariable : *Ces plantes même, que vous dédaignez, sont salutaires ; les plantes même étaient adorées en Égypte.*

230.— Parmi les expressions adjectives, il y en a plusieurs dont le pluriel présente quelques difficultés ; les voici accompagnées de substantifs :

Des enfants nouveau-nés, mort-nés, des femmes brèchedents, des blés clair-semés, des satyres chèvre-pieds.

On voit que les adjectifs *nouveau, clair,* sont employés adverbialement.

On écrit cependant *des nouveaux parvenus, des oranges aigres-douces, des fleurs fraîches cueillies.*

231. — *Turenne eut le bras et le corps* FRACASSÉS *du même coup. Nous devons éviter les mots et les actions* DÉFENDUS.

L'adjectif qui se rapporte à plusieurs substantifs se met généralement au pluriel, et au masculin si les substantifs ne sont pas du même genre.

Cependant, par euphonie, on dit :

Un pillage et un incendie GÉNÉRAL. (Vertot.)

Armez-vous d'un courage et d'une foi NOUVELLE.
(Racine.)

OBSERVATION. Quand on dit : *César avait un courage, une intrépidité* EXTRAORDINAIRE, l'adjectif ne modifie pas, comme ci-dessus, les deux substantifs, il ne se rapporte qu'au dernier, qui, plus expressif, efface le précédent, et commande seul l'accord. Dans ce cas il y a *gradation* et non *addition.*

On dira par la même raison, *Aristide avait une modestie, une grandeur d'âme peu* COMMUNE.

232. — *Une* MASSE *de neiges* EFFRAYANTE.
Une masse de NEIGES ÉBLOUISSANTES.

Le rapport de l'adjectif est quelquefois difficile à saisir; il faut alors se bien pénétrer du sens qu'on veut exprimer, et examiner auquel des substantifs convient la modification.

En voici quelques exemples : *Des boutons de* MÉTAL JAUNE, *de* MÉTAL *ronds. Un écheveau de* SOIE NOIRE *mêlé. Une* TROUPE *de soldats* FORMÉE *à la hâte. Une troupe de* SOLDATS FORMÉS *à la guerre. Des* TRANSPORTS *de joie* EXTRAORDINAIRES.

§ 2. DES ADJECTIFS DÉTERMINATIFS.

233. — *Le père, la mère, les enfants.*

Comme l'adjectif qualificatif, l'adjectif déterminatif prend généralement le genre et le nombre du mot qu'il modifie.

234. — *Les* QUATRE-*temps, vos* CENT *francs, dix* MILLE *hommes, quatre* SEPT*, les* QUARANTE *de l'Académie.*

L'adjectif déterminatif numéral (51) qui exprime un nombre déterminé, reste invariable, même quand il est employé substantivement.

235. —EXCEPTIONS : *Quatre-*VINGTS *hommes. Il n'y en a que quatre-*VINGTS*. Page quatre-*VINGT*. Deux* CENTS *chevaux. J'en ai six* CENTS*. Quatre-*VINGT-*dix hommes. L'an mil sept cent quatre-*VINGT*. Page deux* CENT*.*

Vingt et *cent*, précédés d'une expression numérale, prennent le signe du pluriel, à moins qu'ils ne soient suivis d'un autre nombre, ou qu'ils ne soient l'abréviation des mots *vingtième* et *centième*.

Nota. On écrit au pluriel *plusieurs* cents, c'est-à-dire, *plusieurs* centaines.

236. — *En* mil *huit cent vingt, il périt deux* mille *personnes à quelques* milles *de cette ville.*

Mille, expression numérique, reste toujours au singulier; employé comme substantif, dans le sens de *mesure itinéraire*, il prend une *s* pour le pluriel; et, par abréviation, il s'écrit *mil* dans la supputation des années, et appliqué seulement jusqu'au deuxième millésime après l'ère chrétienne. Dans tout autre cas on écrit *mille* : *L'an* mille *du monde. On verra cela en l'an deux* mille *quatre cent quarante* (a).

237. — *Cela ne m'a coûté* aucuns *frais.*
    C'est un ignorant, il n'a aucunes *connaissances.*
    Cet homme n'a aucune *connaissance de son état.*

Quoique l'adjectif déterminatif *aucun*, signifiant *pas un*, paraisse essentiellement singulier, on ne peut se dispenser de le mettre au pluriel quand il précède un substantif qui n'a pas de singulier, comme *frais, funérailles, décombres*, etc., ou qui, à ce nombre, a une signification différente; ainsi l'on écrit au singulier : *il n'a fait aucun devoir*, et au pluriel : *on ne rendit à ces morts aucuns devoirs.*

Il en est de même de l'adjectif *nul* : nulle *dépense,* nuls *frais,* nulles *troupes.*

238. — *A* quelque *rang, à* quelque *dignité que soient élevés les hommes;* quelque *heureux qu'ils se trouvent, et* quelle que *puisse être leur fortune, ils doivent toujours s'attendre à* quelques *revers.*

Quelque, en un seul mot, est adjectif ou adverbe : ad-

(a) *Mercier* a fait un ouvrage qui porte ce titre.

jectif, il ne varie que pour le nombre ; adverbe, il modifie un adjectif ou un autre adverbe, comme dans *quelque heureusement doué qu'il soit,* et reste toujours invariable ; dans ce cas on peut le remplacer par l'adverbe *si.*

On écrit *quel que,* en deux mots, quand il est suivi d'un verbe : *quel que soit son mérite,* ce qui peut se traduire par *quel mérite que soit le sien;* alors l'adjectif *quel* prend le genre et le nombre du sujet de ce verbe : *quel que soit son mérite, quelle que soit sa fortune, quels que fussent ses torts, quelles que puissent être ses protections.*

Observations. 1° Dans cette phrase : *Quelques immenses richesses qu'il possède, le dissipateur se ruinera,* le mot *quelques* modifie *richesses* et non *immenses,* il est adjectif et non adverbe; ce qui le prouve, c'est qu'on peut, sans un changement notable dans le sens, supprimer l'adjectif et dire *quelques richesses qu'il possède ;* cet adjectif peut être même transposé sans aucune altération du sens : *quelques richesses immenses qu'il possède.* On ne peut d'ailleurs le traduire par l'adverbe *si.*

2° *Quelque,* adverbe, est quelquefois pris dans le sens d'*environ* : *Cette dame paraît avoir quelque soixante ans.*

239. — *Tout plaisir, toute peine, sont partagés par tous les vrais amis.*

    Elle fut tout effrayée de nous voir tout couverts de sang.

    Elle fut toute stupéfaite, toute honteuse de se voir la figure et les mains toutes noires.

Comme *quelque,* le mot *tout* est adjectif et adverbe : adjectif, il modifie un substantif et s'accorde avec lui ; adverbe, il modifie un adjectif, et devrait être conséquemment toujours invariable; mais, par euphonie, contre toute raison, il varie, non-seulement pour le genre, mais aussi pour le nombre, avant un adjectif féminin commençant par une consonne ou une *h* aspirée (16); elle fut *toute* stupéfaite, *toute* honteuse.

OBSERVATIONS. 1º On dit par ellipse ou par syllepse (226) : *tout Rome le sait, tout Marseille est épouvanté,* c'est-à-dire *tout le peuple de Rome, de Marseille.*

2º Buffon a dit : *Le chien est tout zèle, tout ardeur, tout obéissance.* Dans ce cas *tout* est adverbe, parce que les substantifs *zèle, ardeur, obéissance,* sont employés figurément comme des adjectifs.

3º Il y a des cas où il est assez difficile de distinguer *tout,* adjectif, de *tout,* adverbe. Pour se décider, il faut bien se pénétrer du sens de la phrase; *toute,* adjectif, est souvent plus énergique :

Rome n'est plus dans Rome, elle est TOUTE *où je suis.*
Je l'ai trouvée TOUTE *en pleurs.*

A une amie, madame de Sévigné écrivait : *je suis* TOUT *à vous;* et, à sa fille, *je suis* TOUTE *à vous.*

240. — Avant le substantif *gens,* l'adjectif déterminatif suit la même règle que l'adjectif qualificatif (225) : *toutes gens, tous ces gens, certaines gens, certains honnêtes gens, certaines bonnes gens,* etc.

SECTION II.

CONSTRUCTION DE L'ADJECTIF.

241. — La place de l'adjectif qualificatif ne peut guère être fixée que par l'usage et l'oreille, deux grands maîtres en fait de langage.

Quelquefois la place de l'adjectif en change la signification : *un honnête homme, un homme honnête, une certaine nouvelle, une nouvelle certaine,* etc.

SECTION III.

EMPLOI DE L'ADJECTIF.

§ 1. DE L'ADJECTIF QUALIFICATIF.

[Nous nous bornerons à signaler comme vicieux les emplois suivants.]

242. — 1° *Tel* pour *quel*, comme dans *tel qu'il soit*, dites : *quel qu'il soit.*

2° *Tel* ou *quel* pour *quelque* : *tel temps* ou *quel temps qu'il fasse*, dites : *quelque temps qu'il fasse.*

3° *Pardonnable* et *pardonné* ne s'emploient pas bien pour des personnes, ainsi ne dites pas : *un homme pardonnable, un enfant pardonné, Pauline a été pardonnée.*

4° *Une tempête orageuse, un cadavre inanimé*, fautes grossières qu'on reconnaît facilement, une *tempête* étant naturellement *orageuse*, un *cadavre* essentiellement *inanimé :* ce sont des périssologies ou pléonasmes.

§ 2. USAGE DE L'ADJECTIF DÉTERMINATIF.

Le, la, les, de, du, de la, des.

243. —1° *On parle DE LA guerre, on parle DE guerre. Elle se nourrit DU lait de sa chèvre, DES fruits de son jardin. Elle se nourrit DE lait et DE fruits.*

2° *Il n'entend pas LA raillerie. Il n'entend pas raillerie. C'est un officier DU génie. C'est un officier DE génie.*

On voit que l'emploi ou la suppression de l'adjectif déterminatif *le, la, les*, établit une différence soit légère, soit totale, dans la signification du substantif. *Parler de la guerre* a un sens déterminé, c'est une guerre connue; *parler DE guerre* se dit d'une manière générale. *Entendre la raillerie*, c'est savoir railler ; *entendre raillerie*, c'est savoir supporter, souffrir la raillerie. *Un officier du génie* appartient au corps du génie, *un officier de génie* est doué de génie.

244. — *C'est le rhinocéros qui a la peau LA plus dure. C'est sur le dos que le rhinocéros a la peau LE plus dure.*

Dans le premier exemple, il y a comparaison de la

peau du rhinocéros avec celle d'autres animaux ; c'est dans ce cas qu'on emploie *le, la, les,* avant les expressions comparatives *plus, moins, mieux, meilleur.*

Dans le second exemple, la peau est comparée à elle-même, on n'y veut exprimer que l'extension de la qualité de dureté. C'est sur le dos qu'il a la peau *le plus* dure, signifie qu'il a la peau dure *le plus, au plus haut degré.* Dans ce cas, *le,* invariable, forme avec le mot suivant une expression adverbiale.

C'est ainsi qu'on dira d'une demoiselle : *C'est lorsqu'elle est LE mieux habillée qu'elle paraît LE moins jolie;* **mais** si on la compare à d'autres, il faudra dire : *De toutes ces demoiselles, c'est votre sœur qui est LA mieux habillée et LA plus jolie.*

245. — *Je n'ai pas DE pain, DE fruits. Voilà DE bon pain, DE beaux fruits. Je cueillerai DE jolies fleurs.*

On emploie généralement *de* au lieu des adjectifs déterminatifs *du, de la, des :*

1° Avant le complément direct d'un verbe négatif.

2° Avant un substantif employé dans un sens indéterminé et partitif, et précédé d'un adjectif.

Nota. Je dis *généralement,* parce qu'on dit aussi : 1° *Je n'ai pas DU pain pour le perdre. Je ne veux pas DU pain, mais du gâteau. Je ne vous ferai pas DES reproches frivoles. Voilà DE LA vraie poésie.*

Ici l'emploi de l'adjectif déterminatif donne plus d'énergie à l'expression, et fixe l'attention sur le substantif.

2° *On mangera bientôt DES petits pois. Vous achèterez DES petits pâtés.*

Dans ces exemples l'adjectif fait en quelque sorte partie intégrante du substantif, et forme avec lui une expression substantive ; de là l'emploi de *des.*

On sent facilement la différence qu'il y a entre *des petits pâtés* et *de petits pâtés, des bons mots, de bons mots, des petits-maîtres* et *de petits maîtres,* etc.

CHAPITRE IV.

DU PRONOM.

SECTION Ire. — ORTHOGRAPHE.

ACCORD.

246. — *Ces fleurs sont fraîches, ELLES sentent bon. Tels sont les fruits et les fleurs AUXQUELS je donne mes soins. Il a un courage, une intrépidité A LAQUELLE rien ne résiste. Quels sont CEUX de ces bonnes gens qu'il faut récompenser.*

Le pronom est soumis aux mêmes règles d'accord que l'adjectif (221, 231, 225).

SECTION II. — CONSTRUCTION ET EMPLOI.

§ 1. PRONOMS SUBJECTIFS.

1° Pronom présentant une équivoque.

247. — *Molière a surpassé Plaute dans ce qu'IL a fait de meilleur.*

Dans cet exemple, le pronom *il* est mal employé, si on veut le faire rapporter au second substantif ; car, par la construction de la phrase, il se rapporte au premier. Il fallait dire : *Molière a surpassé Plaute dans ce que CELUI-CI a fait de meilleur.*

Il faut donc éviter, autant que possible, l'emploi des pronoms dans des rapports ambigus.

C'est dans l'emploi des pronoms et des adjectifs déterminatifs possessifs qu'on est le plus exposé à faire des équivoques.

2° *Soi* comparé avec *lui, elle.*

248. — *Ici-bas chacun ne pense qu'à* SOI. *L'égoïste ne vit que pour* SOI *ou pour* LUI. *La vertu porte sa récompense avec* SOI *ou avec* ELLE. *L'avare qui a un fils prodigue n'amasse ni pour* SOI *ni pour* LUI. *En* SOI, *ces choses sont indifférentes.*

Le pronom *soi* s'emploie : 1° Dans un sens indéfini ; 2° en relation avec un substantif déterminé, soit pour mieux préciser ce rapport, soit par raison de clarté ; 3° quelquefois en relation avec un substantif pluriel.

3° *Y* comparé avec *lui, leur,* etc.

249. — *Chargez-vous de cet enfant, donnez-*LUI *vos soins.*

*Chargez-vous de cette affaire, donnez-*Y *vos soins.*

*Voilà des bourses, faites-*Y *mettre des glands.*

Comme compléments indirects (76), *lui* et *leur* se disent généralement des objets animés, et le pronom *y,* qui signifie *à cela,* des objets inanimés, à moins cependant que ces noms ne soient employés figurément, ne soient personnifiés, comme dans *Le travail fait ma consolation, je* LUI *dois la vie, je* LUI *consacre tout mon temps.*

Nota. On ne dirait pas d'un cheval : *montez* SUR LUI, mais bien : *montez-*LE.

4° *En* comparé avec *de lui, d'elle,* etc.

250. — *Je vous confie cet enfant, occupez-vous* DE LUI. *Je vous confie cette affaire, occupez-vous-*EN.

Ce que nous venons de dire des pronoms *y, lui* et *leur,* s'applique au pronom *en,* qui signifie *de cela,* et aux expressions *de lui, d'elle,* etc.

Cependant le pronom *en* peut se dire aussi des personnes, mais alors l'expression est plus vague : *Parlerez-vous de mon frère? — J'EN ai parlé. J'ai parlé de lui* est plus précis.

C'est dans le même sens qu'on dit de quelqu'un : *j'y pense, et je pense A LUI.*

5° Imposer, en imposer.

251. — *Le vieillard IMPOSE par sa figure vénérable.*
    L'hypocrite EN IMPOSE par son air composé.

Imposer, c'est imprimer du respect, de la crainte; *en imposer,* c'est tromper.

Dans ce cas, le pronom *en*, qui ne se rapporte à aucun antécédent, est pris en mauvaise part; c'est ainsi qu'on dit : *en conter, en faire accroire, en vouloir, en tenir,* etc. Le rapport de ce pronom est alors sylleptique (226).

6° *En* accompagné de *le, la, les,* comparé avec *son, sa, ses, leur, leurs.*

252. — *J'étudie cette langue, j'EN connais bien les règles; mais la prononciation m'EN paraît assez difficile.*

C'est ainsi qu'on s'exprime généralement en parlant d'une chose; il serait moins exact de dire : *Je connais bien SES règles, SA prononciation me paraît assez difficile.*

De là les deux règles suivantes :

1° Quand le complément direct d'un verbe est en rapport de possession avec un nom de chose, et que ce nom n'est pas le sujet de la proposition où il se trouve, ce rapport s'exprime généralement par le pronom *en* et par les adjectifs déterminatifs *le, la, les* : *Je viens de Paris, j'EN ai admiré LA magnificence, LES promenades,* etc.

2° Quand le sujet d'un verbe est en rapport de possession avec un nom de chose, ce rapport s'exprime généralement par les adjectifs déterminatifs *le, la, les* et par le pronom *en : Je viens de Paris ; la grandeur EN est remarquable, les monuments EN sont admirables.*

Cependant on exprime souvent dans ce cas le rapport de possession par les adjectifs déterminatifs *son, sa, ses,* surtout avec un verbe attributif : *SES promenades me plaisent.*

7° *Le* invariable, signifiant *cela.*

253. — *Si vous obligez quelqu'un, faites-LE sans intérêt. Elle est malade et LE sera longtemps. Ces villes, naguère si florissantes, ne le sont plus.*

Dans ces exemples, le pronom *le* se rapporte, non à un substantif déterminé, car alors il serait variable, mais à une proposition ou à un adjectif, et peut se traduire par *cela* ou par les mots *tel* ou *ainsi.*

On dira donc : *Madame, êtes-vous malade? êtes-vous mère? — Oui, je LE suis. — Madame, êtes-vous la malade, la mère de cet enfant? — Oui, je LA suis.*

NOTA. Il ne faut pas croire cependant que le pronom *le* invariable ne puisse être précédé d'un substantif, car on dit très-bien : *Ces villes ont été des ports et ne LE sont plus. Nous sommes la cause de ce malheur; mais nous LE sommes innocemment.*

Les objets de nos vœux LE sont de nos plaisirs.
(Corneille.)

C'est qu'alors le pronom ne désigne pas précisément le substantif exprimé, ou il le représente d'une manière vague, en le faisant considérer comme un adjectif; ou, par syllepse (226), il se rapporte à quelque idée analogue qui est dans l'esprit, et, comme précédemment, on peut le traduire par *tel* ou *ainsi.*

§ 2. PRONOMS COMPLÉTIFS.

Construction de plusieurs pronoms complétifs (59).

254. — *Donnez-LE-MOI , prête-LA-LUI , envoie-LES-NOUS.*

Conduisez-NOUS-Y, menez-LES-Y.

Quand un verbe à l'impératif sans négation a deux pronoms pour compléments, le complément direct se place le premier. On en excepte les pronoms *moi, toi, le, la,* construits avec le pronom *y : envoyez-y-MOI, promènes-y-TOI, menez-y-LE.* Il serait mieux cependant de prendre un autre tour, et de dire : *Je vous prie de m'y envoyer,* etc.

§ 3. PRONOMS CONJONCTIFS.

1° *Construction amphibologique ou embarrassée.*

255. — *J'ai acquis, il y a un mois , UNE MAISON QUI est fort agréable.*

La construction serait vicieuse, si l'on disait : *J'ai acquis UNE MAISON, il y a un mois, QUI est fort agréable.* Il faut, autant que possible, rapprocher le pronom conjonctif du substantif qu'il représente.

J'ai acheté UNE MAISON , dans ce village, QUI est fort agréable. Cette phrase est équivoque, si l'on veut faire rapporter le pronom *qui* à *maison.*

NOTA. Si, par la construction, on ne peut éviter l'amphibologie, on emploie les pronoms, *lequel, laquelle,* etc. *Il y a une édition contrefaite de mon livre, LAQUELLE doit paraître ces fêtes.* (J. J. ROUSSEAU.)

256. — Les phrases suivantes sont vicieuses :

J'ai lu cet ouvrage QUI a été composé par une personne

QUI est versée dans les sciences QUI ont pour objet l'étude de la nature.

C'est un procès QUE j'ai cru QUE je perdrais.

A cause des *qui* et des *que* qui se succèdent dans des rapports divergents ou différents, ce qu'il faut soigneusement éviter, surtout lorsqu'il est possible de s'exprimer autrement.

2° *A qui, auquel.*

257. — En relation avec un substantif précédent, *à qui* se dit généralement des personnes, et *auquel* des autres objets : *l'enfant à qui, le cheval auquel, le livre auquel, la maison à laquelle,* etc.

3° *Dont, de qui, duquel.*

258. — On dit mieux : *l'homme DONT l'honneur est intact,* que *l'homme DE QUI l'honneur est intact; la personne DE QUI je tiens cette nouvelle,* que *la personne DONT je tiens cette nouvelle.*

De qui, dans ce dernier cas, exprime mieux l'idée de point de départ ou d'extraction.

Duquel est nécessaire dans *cet homme à l'honneur duquel vous avez nui,* et dans les phrases analogues.

4° *A qui, de qui, où,* présentant un pléonasme.

259. — Ne dites pas : *C'est à vous A QUI je parle; c'est de vous DONT je parle, c'est là OU je demeure,* etc.

A vous à qui, de vous dont, là où, dans le même rapport, sont autant de pléonasmes *(a)*. Dites : *c'est à vous QUE je parle, c'est de vous QUE je parle, c'est là QUE je demeure;* ou, *c'est VOUS à qui je parle, c'est VOUS dont je parle,* ce qui paraît être plus expressif.

C'est votre illustre père A QUI je veux parler. (Racine.)

———————————————————

(a) Battologie ou *périssologie.*

§ 4. Pronoms démonstratifs (61).

Ceci, cela, celui-ci, celui-là.

260. — *Ceci*, ainsi que *voici*, se rapporte à ce qui est proche ou à ce qui suit : CECI *me plaît ; écoutez* CECI : *qui refuse, muse.*

Cela, ainsi que *voilà*, se rapporte à ce qui est le plus éloigné ou à ce qui précède : CELA *est beau. Qui refuse, muse :* CELA *est souvent vrai.*

La même différence existe entre *celui-ci* et *celui-là :* le premier se rapporte au substantif le plus proche, et le second au plus éloigné.

§ 5. Pronoms indéterminés (62).

261. — *On ne fait jamais bien, si* L'ON *n'est à sa place.*
Ce que L'ON *conçoit bien s'énonce clairement.*

On n'emploie aujourd'hui *l'on* au lieu de *on* que pour éviter quelque son désagréable occasionné par un hiatus on une cacophonie (*a*).

On dira : *si on le voit*, et non *si l'on le voit*, l'hiatus étant préférable à la cacophonie.

262. — *Quand* ON *est aimable,* ON *est aimé.*

C'est ainsi qu'il faut dire, les deux *on* exprimant la même personne ; on ferait une faute si l'on disait, dans le même sens : *quand on est aimable, on vous aime,* parce que les pronoms sont en rapports divergents.

§ 6. Expressions pronominales.

263. — *Ils se louent* L'UN L'AUTRE ; *ils se nuisent* L'UN A L'AUTRE (c'est-à-dire *réciproquement*).

(*a*) L'*hiatus* est la rencontre désagréable de plusieurs voyelles : *si on vient, il va à Alençon.* La *cacophonie* est une rencontre de syllabes discordantes, comme dans *ce qu'on conçoit, si l'on le voit.* C'est par *euphonie* qu'on évite l'un et l'autre.

Ils se louent L'UN ET L'AUTRE ; ils se nuisent L'UN ET L'AUTRE (c'est-à-dire *individuellement.*

264. — *Osons opposer* SOCRATE *même à* CATON ; L'UN *était plus philosophe, et* L'AUTRE *plus citoyen.*

(J. J. Rousseau.)

Quand *l'un*, *l'autre*, sont employés séparément, en relation avec deux substantifs, *l'un*, par raison de clarté, doit se rapporter au premier ; et *l'autre*, au second.

§ 7. OBSERVATIONS ADDITIONNELLES.

Nous allons signaler quelques fautes commises contre la syntaxe du Pronom, et que nous n'avons pas cru devoir mentionner dans les règles précédentes.

265. — *M.*** étant très-malade,* IL *ne peut recevoir personne.*

Il est ici employé inutilement, le sujet du verbe s'en trouvant peu éloigné.

266. — *Est-ce là votre livre ? — Oui, c'est* LUI.

Dites : *ce* L'*est ;* dans ce cas, *c'est lui* se dit d'une personne.

267. — *Je* LEUR *empêcherai de bien faire.*

Dites : *je* LES *empêcherai ;* on dit : *empêcher quelqu'un* et non *à quelqu'un.*

268. — *Il m'a demandé ce livre, et je* LUI *ai donné.*

Dites : *je* LE *lui ai donné.* L'ellipse de *le, la, les,* avant *lui, leur,* est une faute grave.

269. — *Je m'*EN Y *vais. Je* ME *suis* EN *allé.*

Dites : *je m'*Y EN *vais, je m'*EN *suis allé.*

S'en aller forme deux mots comme, *s'en donner : je m'y en donne, je m'en suis donné.*

270. — *Qu'est-là ? Voilà ce* QUE *j'ai besoin.*

Dites : QUI *est là ?* l'*i* du pronom *qui* ne s'élide pas : *Voilà ce* DONT *j'ai besoin.* On dit : *avoir besoin de quelque chose,* le complément est indirect.

CHAPITRE V.

DU VERBE.

SECTION Ire.

ACCORD DU VERBE AVEC SON SUJET (6).

1° *Sujet simple.*

271. — *Je ferai ce que feront les autres.*

Tout verbe s'accorde avec son sujet en personne et en nombre.

2° *Sujet composé.*

272. — *L'or et la grandeur* RENDENT-ILS *heureux ?*
    L'or, la grandeur, PEUVENT-ILS *rendre heureux ?*
    Ni l'or ni la grandeur ne PEUVENT *rendre heureux.*

Lorsque le verbe est en rapport avec plusieurs sujets dont chacun concourt également à l'action ou à l'état que ce verbe exprime, on le met au pluriel.

NOTA. C'est d'après le même principe qu'on dit généralement : *L'un et l'autre* SONT *heureux, ni l'un ni l'autre ne* VIENDRONT.

On dit cependant, *ni l'un ni l'autre n'*EST *mon père, ni l'un ni l'autre n'*OBTIENDRA *le premier prix,* parce que, d'après le sens, le verbe ne peut se rapporter qu'à un des deux sujets. Dans ce cas, il vaut mieux employer l'expression *aucun des deux : Aucun des deux n'*EST *mon père.*

273. — *L'éléphant, comme le castor,* AIME *la société de ses semblables.*

Ici le verbe ne s'accorde pas avec *éléphant* et *castor,* parce qu'il n'y a pas, comme précédemment, *addition* de plusieurs substantifs, mais bien *comparaison.* Le véritable sujet du verbe *aime* est l'*éléphant; le castor* est celui du même verbe sous-entendu, et la proposition dont il fait partie peut être transposée : *Ainsi que le castor, l'éléphant aime la société de ses semblables.*

C'est ainsi qu'on dit :

> *L'homme, ainsi que la vigne,* A *besoin de support.*
> (Duresnel.)

Ce prince, autant que ses peuples, ASPIRE *à la paix.*

274. — *Son aménité, sa douceur nous* CHARME.
  Son courage, son intrépidité nous ÉTONNE.
  *Ses enfants, ses amis, chacun l'*ADORE.

Lorsque, dans une énumération de plusieurs substantifs, le dernier devient l'expression dominante, soit parce qu'il explique ce qui précède, soit parce qu'il l'efface par son énergie, ce substantif commande seul l'accord du verbe.

Dans ce cas, il n'y a point *addition* de substantifs, mais *gradation*, et l'emploi de la conjonction *et* serait contraire à la pensée.

275. — *Mon père ou ma mère* VIENDRA.
  Mes frères ou ma sœur RESTERA.
  Paul, Henri, ou Charlotte SERA PUNIE.

Quand plusieurs sujets de troisième personne sont liés par la conjonction *ou*, le verbe s'accorde généralement avec le dernier, étant alors sous-entendu après les autres.

OBSERVATIONS. 1° Je dis de *troisième personne*, parce que, quand les sujets sont de personnes différentes, comme *vous* ou *moi, toi* ou *lui*, on met le verbe au pluriel : *vous ou moi, nous irons à Paris; vous ou lui, vous* IREZ.

Alors le verbe est le plus souvent précédé d'un pronom qui récapitule les précédents, et qui devient le sujet grammatical.

2° On trouve quelquefois au pluriel le verbe qui a pour sujet deux mots singuliers joints par la conjonction *ou*, comme dans *la peur ou le besoin FONT tous les mouvements de la souris;* c'est lorsque les deux sujets peuvent faire en même temps l'action du verbe ; alors l'idée d'alternative s'efface dans l'esprit, qui considère les deux mots sous le rapport d'addition ; c'est une syllepse (226).

276. — *Vous et moi*, $\left\{\begin{array}{l}\text{\textit{SOMMES contents.}}\\\text{\textit{NOUS SOMMES contents.}}\end{array}\right.$

Ni vous ni lui, $\left\{\begin{array}{l}\text{\textit{n'AVEZ raison.}}\\\text{\textit{VOUS N'ÉTES heureux.}}\end{array}\right.$

Quand le verbe se rapporte à plusieurs sujets de différentes personnes, il se met au pluriel, mais il s'accorde avec celle qui a la priorité : la première l'emporte sur la seconde, et celle-ci sur la troisième.

3° QUI, *sujet du verbe.*

277. — *C'est moi, dit-elle, qui me SUIS SOUMISE.*

Le pronom conjonctif *qui*, étant du même genre, du même nombre et de la même personne que le mot qu'il représente, commande l'accord de tous les mots variables qui s'y rapportent : *moi qui me plains, toi qui te prives, elle qui s'est trompée, nous qui nous sommes vus si riches*, etc.

278. — *Vous êtes deux bons élèves qui REMPORTEREZ les premiers prix.*

Vous êtes les deux bons élèves qui REMPORTE-RONT les premiers prix.

C'est plus le général que les officiers, qui EST blâmable.

C'est moins le général que les officiers qui SONT blâmables.

Le rapport du pronom conjonctif *qui* est quelquefois difficile à saisir; il faut, dans ce cas, examiner quelle est celle des expressions précédentes qui domine dans la pensée, ou qui est le plus en rapport d'idée avec la proposition dont *qui* est le sujet, et y faire alors rapporter ce pronom.

C'est ainsi que Fénelon a dit :

Vous êtes un Protée, qui PRENEZ *indifféremment les formes les plus contraires.*

Vous êtes toujours ce modeste Virgile qui EUT *tant de peine à se produire à la cour d'Auguste.*

Dans le premier exemple, l'esprit ne se porte que sur un individu, la personne à qui l'on parle; dans le second, il en considère deux : la personne à qui l'on parle, le *Virgile d'aujourd'hui*, et une autre, qui est le *Virgile d'autrefois;* de là l'accord du verbe avec ce dernier, qui domine dans la pensée.

Dans les phrases suivantes et leurs analogues, la troisième personne est d'un usage plus fréquent :

Je suis le seul (homme) qui AIT DIT *cela.*

Nous sommes les premiers qui vous BLAMENT.

4° *Nombre du verbe après les substantifs dits collectifs.*

279. — *Une foule d'ennemis s'*OFFRIT *à nous.*
       *Une foule de courtisans l'*APPLAUDISSAIENT.

Il faut dans ce cas, comme dans le précédent, chercher le mot qui est le plus en rapport d'idée avec le verbe, et qui conséquemment en commande l'accord : c'est *la foule qui s'*OFFRIT, ce sont *les courtisans qui* APPLAUDISSAIENT.

On dira de même :

Une foule d'enfants, attirés par ce spectacle, ENCOMBRAIT *la rue.*

Une foule d'enfants, composée d'écoliers, COURAIENT *dans la rue.*

[Dans cette circonstance, comme dans plusieurs que nous avons déjà signalées, il faut donc commencer par s'interroger soi-même, sentir ce qu'on veut exprimer, et agir en conséquence. Toute autre règle à cet égard est erronée, et se trouve d'ailleurs démentie à chaque instant par nos écrivains.]

Quand le sujet grammatical (177) et son complément fixent également l'attention, l'accord se fait avec l'un ou avec l'autre; à cet égard l'usage paraît partagé : cependant l'accord avec le complément, ou plutôt avec le sujet logique (179), a lieu assez généralement, comme dans *Une troupe d'enfants SE PRÉSENTÈRENT à nous.*

OBSERVATIONS. 1º Après les expressions collectives, *la plupart, beaucoup, peu, combien, assez,* etc., le verbe se met au pluriel, à moins qu'elles ne soient suivies d'un complément singulier : *La plupart des hommes SE TROMPENT. La plupart SONT TROMPÉS. La plupart du monde AGIT ainsi. Beaucoup SONT APPELÉS, peu SONT ÉLUS.*

2º Quoique l'expression *plus d'un* réveille une idée de pluralité, elle exige le verbe au singulier :

Plus d'une Pénélope HONORA son pays. (Boileau.)

5º *C'est, ce sont.*

280. — *CE SONT mes enfants. CE SONT eux.*

Le verbe *être* se met généralement à la troisième personne du pluriel, quoiqu'il ait pour sujet le pronom *ce,* qui est du singulier, lorsque l'attribut de la proposition est un substantif ou un pronom pluriels de troisième personne : *CE SONT vos livres, C'ÉTAIENT mes amis, CE FURENT eux, quoique CE FUSSENT elles,* etc.

L'accord est alors sylleptique (226) : c'est l'attribut qui le commande.

C'est par la même figure que Buffon a dit : *Sa nourriture ordinaire SONT les frui...*

Boniface. *Abr. Gram.*

OBSERVATIONS. 1° Quand l'attribut est composé de plusieurs substantifs dont le premier n'est pas au pluriel, le verbe est généralement au singulier : *c'est l'or et l'argent, c'était le père et le fils.*

2° Suivant le point de vue, on emploie quelquefois l'un ou l'autre nombre.

C'est trente francs qu'on me doit, c'est à-dire, ce qu'on me doit est trente francs.

Ce sont trente francs qu'on me doit, c'est-à-dire, ces trente francs me sont dus.

C'est eux que l'on craint. Ce sont eux qui se font craindre.

C'est des secours qu'il leur faudrait porter. Ce sont ces secours qu'il leur faudrait porter.

Quelles sont les parties du monde ? Ce sont l'Europe, l'Asie, l'Afrique, etc. C'est l'Europe et l'Asie qui sont les parties du monde les plus civilisées.

SECTION II.

DES PARTICIPES (86).

§ 1. PARTICIPE PRÉSENT ET ADJECTIF VERBAL.

281. — *J'ai vu ces enfants* INTÉRESSANT *leurs maîtres,* TREMBLANT *de leur déplaire, et* PLEURANT *quand ils en recevaient le moindre reproche.*

Dans cet exemple, les mots *intéressant, tremblant, pleurant,* expriment des actes, des actions instantanées, c'est à-dire d'une durée courte, limitée ; dérivés de verbes, ils en conservent la signification et le caractère, et peuvent alors être remplacés par une autre forme verbale, sans que la pensée en soit altérée : *j'ai vu ces enfants qui intéressaient leurs maîtres,* etc.

C'est dans cette circonstance que la forme verbale en *ant* prend le nom de *participe présent*, et reste toujours invariable, comme verbe au mode indéfini (79).

On dira donc : *une fille caressant sa mère, des enfants obéissant avec promptitude, des personnes souffrant cruellement, ma mère souffrant, ne peut sortir.*

NOTA. Le participe présent est traduisible par un verbe précédé du pronom conjonctif *qui*, ou d'une conjonction réveillant une idée de cause, de motif, telle que, *comme, parce que, puisque. J'ai vu ces enfants* TRAVAILLANT *avec zèle. Ces enfants,* TRAVAILLANT *avec zèle, seront récompensés.*

282. — *Les rues sont remplies de ces enfants* INTÉRES-SANTS, TREMBLANTS *de froid,* MOURANTS *de faim, et sans cesse* PLEURANTS.

Ici le mot *intéressant* n'exprime plus un acte, une action instantanée, mais bien l'état, la manière d'être de l'objet, et dont il désigne une qualité inhérente : *ces enfants sont* INTÉRESSANTS.

Quoique les mots *tremblants, mourants* et *pleurants* réveillent davantage l'idée d'action, ils n'en sont pas moins dans la même analogie, parce que cette action, n'étant plus instantanée, se présente à l'esprit comme *permanente, continue,* ou du moins assez *prolongée* pour constituer un ÉTAT, une MANIÈRE D'ÊTRE.

D'ailleurs, sous ce point de vue, l'emploi du mot variable fait souvent image, fixe l'attention et appelle l'intérêt.

Il pleurait de dépit, et alla trouver Calypso, ERRANTE *dans les sombres forêts.* (Fénelon.)

C'est dans cette circonstance que la forme verbale en *ant* prend le nom d'ADJECTIF VERBAL, et varie comme l'adjectif qualificatif, par lequel il peut être quelquefois remplacé, comme *tremblant de froid,* par *transi; mouran de faim,* par *affamé,* etc.

L'adjectif verbal diffère encore du participe présent, en ce qu'il peut être précédé d'un des temps du verbe *être : une fille caressante*, c'est-à-dire, *qui est caressante.*

PARTICIPES PRÉSENTS.	ADJECTIFS VERBAUX.
Ici sont des infortunés PALPITANT *encore sous des ruines.* (Florian.)	*Tant d'infortunés* PALPITANTS *immobiles au milieu des flammes.* (Thomas.)
Toutes ces idées ROULANT *à tout moment dans cette âme farouche, lui inspiraient une rage muette et cachée.* (La Harpe.)	*Ces étoiles sont autant de soleils dont chacun a des mondes* ROULANTS *autour de lui.* (Voltaire.)
Ces biens DÉPENDANT *de la succession doivent être vendus.*	*On a vendu tous les biens* DÉPENDANTS *de la succession.*
J'ai vu ces personnes SOUFFRANT *cruellement.*	*J'ai vu ces personnes* SOUFFRANTES *et résignées.*
Ses cheveux FLOTTANT *sur ses épaules attiraient tous les regards.*	*Tous les regards étaient attirés par ses cheveux* FLOTTANTS *sur ses épaules.*
Voyez ces débris FLOTTANT *vers la côte* (mouvement de tendance).	*Voyez ces débris* FLOTTANTS *sur la côte* (mouvement stationnaire).

OBSERVATION. Quelques participes présents ont pour correspondants des adjectifs dont l'orthographe est différente : *Cet enfant* NÉGLIGEANT *ses devoirs, sera puni; c'est un enfant* NÉGLIGENT. Alors l'adjectif n'est plus verbal.

Les adjectifs analogues à celui-ci, sont : 1° *adhérent, affluent, coïncident, différent, équivalent, excellent, précédent.* 2° *Convaincant, extravagant, fatigant, intrigant, vacant.*

Les participes correspondants sont en *ant, guant, quant,* comme dans, *excellant, intriguant, vaquant,* etc.

§ 2. PARTICIPE PASSÉ.

283.— Tout participe passé est construit ou n'est pas construit avec l'auxiliaire *avoir* (73) : *elle a* AIMÉ, *elle est* AIMÉE, *elle se voit* AIMÉE, *on la croit* AIMÉE; de là deux règles générales sur l'orthographe de ce participe (*a*).

PREMIÈRE RÈGLE.

Participe passé non construit avec AVOIR.

284. — *Entourés de toutes parts, ils se crurent* PERDUS *et furent* FORCÉS *de se rendre.*

Tout participe passé non construit avec l'auxiliaire *avoir* exprimé ou sous-entendu, est considéré comme un adjectif qualificatif, et s'accorde conséquemment avec le mot qu'il modifie :

> *Horace, les voyant l'un de l'autre* ÉCARTÉS,
> *Se retourne et les croit déjà demi-*DOMPTÉS. (Corneille.)

C'est dans ce cas qu'il ne concourt point à former un temps composé d'un verbe attributif.

OBSERVATION. Certains participes passés, primitivement construits avec *avoir*, ont été employés comme *prépositions*, d'abord par ellipse de ce verbe, puis par analogie :

Ils passèrent les habitants au fil de l'épée, EXCEPTÉ *les femmes et les enfants (ayant excepté) (b). Il vendit son château, y* COMPRIS *la ferme.*

Si ces mots *excepté* et *compris* suivaient les substantifs, ils redeviendraient participes :

Les femmes et les enfants EXCEPTÉS. *La ferme y* COMPRISE.

(*a*) L'auxiliaire *avoir* suivi du participe *été*, comme dans *j'ai été, j'avais été*, n'appartient pas à la conjugaison du verbe *avoir* : il forme avec ce participe un des temps composés du verbe *être*.

(*b*) C'est ainsi qu'on dit, par ellipse, *payé vingt francs, reçu dix francs*, etc.

Les mots *attendu*, *passé*, *supposé* et *vu*, sont dans la même catégorie : ATTENDU *son absence*, PASSÉ *dix heures*, SUPPOSÉ *celle perte*, VU *sa maladie*.

DEUXIÈME RÈGLE.

Participe passé construit avec AVOIR.

285. — *Que de livres nous avons* LUS!
       Nous les avons LUS *avec fruit.*

Dans ces deux exemples le participe passé *lus* est précédé de son complément direct (75), qui est *livres*, ou du pronom *les*, qui représente ce mot. On voit que, dans ce cas, le participe s'accorde avec le complément.

286. — *Nous avons* LU *vos livres.*
      Nous avons LU.
      Nous avons RI.
      Les froids nous ont NUI.

Ici le participe passé ou n'est pas précédé de son complément direct, ou n'en a point ; c'est dans ce cas qu'il reste sans accord.

RÈGLE. Tout participe passé construit avec l'auxiliaire *avoir* ne s'accorde qu'avec son complément direct, et seulement lorsqu'il en est précédé.

Il s'ensuit qu'il ne s'accorde jamais avec le sujet du verbe *avoir*, ni avec un autre complément que le direct.

EXEMPLES.

INACCORD.	ACCORD.
Nous avons CUEILLI *des fleurs*, . . .	*nous les avons* DONNÉES.
Nous avons RÉCITÉ *les leçons*, . . .	*qu'on nous a* DONNÉES.
J'ai VU *la mort de près*, ...	*et je l'ai* VUE *horrible.*
Nous avons ÉCRIT *longtemps*, . . .	*ce qui nous a* FATIGUÉS.
Elle a bien DORMI, ...	*ce qui l'a* DÉLASSÉE.
Ces dames nous ont PLU, ...	*elles nous ont* CHARMÉS.
Ce livre nous a bien SERVI, ...	*Ce domestique nous a bien*
	SERVIS.

287. — On écrira de même avec l'accord :

1° *On les a* CRUS *coupables, parce qu'on les a* VUS *embarrassés.*

L'adjectif qui suit le participe n'en peut empêcher l'accord, exigé par son complément direct qui le précède.

2° *Rien ne peut suppléer à la joie qu'ont* ÔTÉE *les remords.*

Non plus que l'adjectif, le sujet du verbe *avoir,* qui est ici rejeté après le participe, n'exerce aucune influence sur ce mot, et l'accord doit avoir lieu comme précédemment.

Remarque. Les deux règles précédentes s'appliquent à toutes les circonstances où le participe passé se trouve employé. A la vérité, il y a quelques cas d'une interprétation plus ou moins difficile ; nous allons les signaler successivement, en les soumettant toutefois à la deuxième règle.

PREMIÈRE OBSERVATION.

Participes passés suivis d'une proposition ou d'un infinitif qui en sont les compléments directs.

288. — *Ce sont des choses que j'ai* PENSÉ *que vous feriez,*
> *Que j'ai* PENSÉ *faire,*
> *Que j'ai* CRU *devoir faire,*
> *Que j'ai* CRU *utile de faire.*

Dans ces phrases le participe est suivi de son complément direct, de là l'inaccord. J'ai pensé *quoi?* Que vous feriez : ici c'est une proposition. J'ai pensé faire. J'ai pensé *quoi?* Faire : ici c'est un infinitif employé pour une proposition (que je ferais) ; c'en est l'expression succincte. Dans les deux autres exemples l'infinitif remplit la même fonction.

Le pronom *que*, qui précède, est le complément direct du verbe *faire*.

Nota. La proposition et l'infinitif sont quelquefois sous-entendus, comme dans *Je lui* AURAIS *fait tous les vers qu'il aurait* VOULU (*que je fisse*). *Mes parents m'ont donné toute l'éducation que leur fortune leur a* PERMIS (*de me donner*).

289. — C'est ainsi qu'on écrira sans accord :

> *Étudiez la leçon que vous avez* OUBLIÉ *d'apprendre.*

> *Voilà des fleurs que j'ai* COMMENCÉ *à colorier.*

Vous avez commencé *quoi?* *d'apprendre.* J'ai commencé *quoi?* *à colorier.*

Ces infinitifs, qui suivent les prépositions *à* et *de*, forment avec ces prépositions les compléments directs des participes ; et, comme précédemment, ils ont eux-mêmes le pronom *que* pour complément.

Le contraire arrive dans les phrases suivantes :

> *Voici la leçon qu'on m'a* DONNÉE *à apprendre, que j'ai* EUE *à réciter.*

> *La plante garde l'inclinaison qu'on l'a* FORCÉE *à prendre.*

> *Tels sont les présents qu'on les a* SUPPLIÉS *d'accepter.*

On m'a donné *quoi?* *la leçon* (*pour que je l'apprisse*). On a forcé *quoi?* *la plante,* etc.

Règle. Quand le participe passé est suivi d'une préposition et d'un infinitif, il faut examiner avec soin quel en est le complément direct. *Accord*, si c'est le substantif ou le pronom précédents ; *inaccord*, si c'est la préposition et l'infinitif.

Dans le premier cas, le substantif peut se placer entre

le participe et la préposition : *on m'a donné UNE LEÇON à apprendre.*

NOTA. L'infinitif sans préposition sert quelquefois de complément direct au participe, comme dans *j'ai VOULU le faire, j'ai* dû *partir, j'ai PU me tromper.*

Cet infinitif peut être aussi sous-entendu : *Je lui ai rendu tous les services que j'ai PU, que j'ai* dû (*lui rendre*).

L'observation précédente nous conduit naturellement à celle-ci

DEUXIÈME OBSERVATION.

Participes suivis d'un infinitif sans préposition.

290. — *Ces acteurs que j'ai VUS jouer, je les ai EN-TENDU applaudir.*

J'ai vu *qui, jouant ?* Les acteurs. Le pronom *que*, qui représente ce substantif, précédant le participe, il y a accord.

J'ai entendu *qui, applaudissant ?* Ce ne sont pas les acteurs ; cela signifie, j'ai entendu *quelqu'un* (l'audi-toire) qui applaudissait les acteurs. Le pronom *les*, qui représente *acteurs*, est donc le complément direct de l'infinitif, et non celui du participe ; de là l'inaccord.

RÈGLE. Lorsque le participe passé est suivi d'un infi-nitif sans préposition, et qu'il est précédé d'un seul complément direct, il s'accorde, si ce complément lui appartient ; il reste invariable, si c'est celui de l'infinitif, ce qu'on peut facilement vérifier.

Dans le premier cas, l'infinitif est traduisible par le même verbe au mode défini, ayant pour sujets les pro-noms *il, elle, ils, elles*, ou *qui ;* ou bien, plus simple-ment, par le participe présent : *je les ai VUS jouer,* c'est-à-dire, *je les ai vus, ils jouaient, qui jouaient,* ou *jouant.*

EXEMPLES.

ACCORD.	INACCORD.
Je les ai LAISSÉS *partir.* (Ils partaient.)	*Je les ai* LAISSÉ *emmener.* (On les emmenait.)
Je les ai ENTENDUS *se plaindre.* (Ils se plaignaient.)	*Je les ai* ENTENDU *plaindre.* (On les plaignait.)
Je les ai VUS *courir.* (Ils couraient.)	*Je les ai* VU *arrêter.* (On les arrêtait.)
Mes entrailles, je les ai SENTIES *se déchirer.* (Elles se déchiraient.)	*Mes entrailles, je les ai* SENTI *déchirer.* (Quelque chose les déchirait.)

REMARQUES. 1° Quand le participe passé est précédé de deux compléments directs, l'un appartient à ce participe, et l'autre à l'infinitif : *Voilà, mon fils, dit-elle, le sujet des larmes que tu m'as* VUE *verser.* (Florian.)

Cependant, quand le pronom est à la troisième personne du singulier ou du pluriel, le complément indirect *lui*, *leur*, remplace quelquefois le complément direct, comme dans, *que de larmes je leur ai* VU *verser!* et alors le participe est invariable.

2° Le participe *fait*, suivi d'un infinitif, sans préposition, est toujours invariable : *On les a* FAIT *sortir, on les a* FAIT *punir;* parce que ce participe, entièrement détourné de sa signification primitive, forme avec l'infinitif un sens indivisible : *faire sortir, faire entrer, faire venir,* etc. *On les a* FAIT *sortir,* signifie *on a fait en sorte qu'ils sortissent;* on voit, par cette interprétation, que le pronom n'est pas le régime direct du participe : de là l'inaccord.

3° Au lieu de dire, *c'est une entreprise que je crois qui doit réussir,* on dit, *que je crois devoir réussir,* de sorte que l'infinitif *devoir* est complément direct du verbe *je crois.* On écrira donc en conséquence sans accord : *C'est une entreprise que j'avais* CRU, *que j'avais* PENSÉ *devoir réussir.*

TROISIÈME OBSERVATION.

Participes précédés du pronom EN *partitif.*

291. — *Des fleurs, j'*EN *ai* CUEILLI *(a).*

    *Combien j'*EN *ai* CUEILLIES!

En parlant de fleurs, on dit, *je les ai cueillies*, si l'on veut exprimer la totalité, et *j'en ai cueilli*, s'il ne s'agit que d'une partie ; c'est-à-dire, *j'en ai cueilli plusieurs, une certaine quantité.*

Dans ce dernier cas, le complément direct est une expression de quantité sous-entendue, dont le pronom *en*, qui signifie *de ces fleurs*, est le complément déterminatif (184) ; ce n'est pas le complément direct, mais il en fait partie *(b)*.

Alors le participe passé, n'étant précédé que du pronom *en*, qui n'est qu'une partie de son complément direct, reste invariable.

On écrira de même : *J'*EN *ai* CONNU, *nous* EN *avons* VU, *il a écrit plus d'ouvrages que vous n'*EN *avez* LU, etc.

Mais dans cette phrase, *combien j'*EN *ai* CUEILLIES! ce n'est plus le même cas : le pronom *en* est précédé de l'expression *combien*, dont il est le déterminatif (184), et qui forme avec lui la totalité du complément direct. On doit donc écrire, en parlant de fleurs, *combien j'*EN *ai* CUEILLIES! comme on écrit, *combien de fleurs j'ai* CUEILLIES! C'est absolument la même pensée et la même

---

(a) Dans cette phrase, *des fleurs, j'en ai cueilli*, le pronom *en* est *partitif*, parce qu'il n'exprime par la totalité des fleurs, il n'en désigne qu'*une partie.*

(b) C'est donc commettre une grave erreur de le considérer ici comme complément indirect du verbe, fonction qu'il remplit dans cette phrase : *Les services que j'*EN *ai reçus me pénètrent de reconnaissance.*

construction ; aussi la plupart des écrivains ont-ils fait accorder le participe dans cette circonstance.

Remarques. 1° On écrit cependant sans accord : *Des lettres, dites-moi combien vous EN avez ÉCRIT. Combien EN avez-vous ÉCRIT ?* quoiqu'on dise *combien de lettres avez-vous ÉCRITES ?* parce que, dans ce cas, il y a une espèce d'incertitude sur le nombre de lettres écrites, et que le pronom *en*, expression vague, ne rappelle pas assez directement le substantif. L'affirmation, l'exclamation appellent l'accord ; l'interrogation et le doute semblent ici le repousser.

2° On écrit de même sans accord : *De la peine, combien j'EN ai PRIS !* quoiqu'on dise avec accord, *combien de peine j'ai PRISE !* C'est sans doute aussi à cause du sens indéterminé du pronom *en*, représentant un substantif singulier, qui n'exprime plus alors une quantité numérique.

3° On écrit encore au singulier, *j'EN ai tant BU, il EN a trop MANGÉ, nous en avons beaucoup CONNU,* etc., parce que les adverbes *tant, trop,* etc., n'étant pas employés substantivement, ne composent pas avec le pronom *en* le complément direct du participe, qu'ils ne précèdent ici que par inversion.

RÈGLE. Le participe passé précédé du pronom *en* partitif ne varie que quand ce pronom, complément déterminatif d'une expression de quantité, représente un substantif pluriel, dans une phrase affirmative ou exclamative.

[Voilà les faits que j'ai dû constater. Il m'eût sans doute été plus facile de répéter, avec certains grammairiens, que le participe passé, précédé du pronom *en* partitif est toujours invariable ; mais j'eusse parlé contre ma conviction et surtout contre l'usage des meilleurs écrivains.]

QUATRIÈME OBSERVATION.

Participes prédédés d'un complément avant lequel une préposition est sous-entendue.

292. — *Les jours que j'ai* VOYAGÉ *ont été pluvieux.*
Que d'années il a VÉCU *!*

On dit *voyager un mois, vivre un siècle, marcher la nuit*, etc. Il est évident qu'ici les compléments ne sont pas directs ; la préposition *durant* est sous-entendue : *voyager durant un mois* ; ce sont donc des compléments adverbiaux (77), et de là l'inaccord des participes qui les suivent.

L'ellipse du second exemple peut être remplie ainsi : *Que d'années pendant lesquelles il a* VÉCU *!*

REMARQUE. Quant aux participes *coûté* et *valu*, que plusieurs grammairiens rangent dans la même catégorie, il est plus conforme à l'usage et à la raison de les soumettre à la deuxième règle, dans quelque sens qu'ils soient pris : *Les sommes qu'il m'a* COUTÉES, *les sacrifices que vous m'avez* COUTÉS, *que de pleurs il m'a* COUTÉS *! Les sommes que cette maison a* VALUES. *Que d'honneurs mon habit m'a* VALUS *!*

L'ellipse dont on s'autorise pour l'inaccord n'a jamais eu lieu en français, car on n'a jamais dit : *Cela coûte moyennant ou pour six francs.*

Du latin, où ils sont intransitifs (67), ces mots ont passé dans notre langue, où ils ont été immédiatement employés comme transitifs : *Ce cheval coûte mille francs, il les coûte, il les a coûtés, il ne les vaut pas,* etc. Il en est ainsi du verbe *peser : Ce ballot pèse cent livres, il les pèse, il les a pesées.*

CINQUIÈME OBSERVATION.

293. — *Les grandes pluies qu'il y a* EU *, ou qu'il a* FAIT*, ont beaucoup nui.*

Il y a eu, *il a fait*, sont ici des verbes impersonnels (69), où les verbes *avoir* et *faire*, entièrement détournés de leur signification naturelle, ne peuvent avoir pour complément direct le pronom précédent. *Il a fait, il y a eu*, sont ici des gallicismes qui équivalent à *ont existé; les grandes pluies qui ont existé*, etc. ; de là l'inaccord du participe.

RÈGLE. Le participe d'un verbe impersonnel est donc toujours invariable.

SIXIÈME OBSERVATION.

Participes passés se rapportant au pronom LE *en relation avec un adjectif ou avec une proposition.*

294. — *Cette promenade a été plus agréable que je ne* L'avais CRU.

Le participe *cru* se rapporte ici au pronom *l'*; mais ce pronom ne représente point le substantif *promenade*, comme on pourrait le penser, et ce qui le prouve, c'est qu'on dit : *Cette promenade est plus agréable que je ne* LE *croyais. Ces promenades sont plus agréables que je ne* L'avais cru.

Ce pronom *le* signifie *cela*, et rappelle l'idée d'un adjectif ou d'une proposition, ce que nous avons déjà observé (253).

RÈGLE. Quand le participe est précédé du pronom *le*, en rapport avec un adjectif ou une proposition, il reste au masculin singulier.

SEPTIÈME OBSERVATION.

Participes passés précédés de plusieurs substantifs, et ne devant s'accorder qu'avec un seul.

295. — *Il a vu disparaître* LA FOULE DE FLATTEURS *que sa fortune avait* FORMÉE *autour de lui.*

> *Il a vu disparaître* CETTE FOULE DE FLATTEURS
> *que sa fortune avait* ATTIRÉS *autour de lui.*

Dans ces exemples, on pourrait être embarrassé sur le rapport du pronom conjonctif *que*, surtout avant l'énonciation des participes *formé* et *attiré*; mais, en cherchant avec lequel des deux substantifs *foule* et *flatteur* il est le plus en rapport d'idée, on trouve que dans le premier exemple, c'est avec *foule* : c'est la *foule* qui est *formée*; et que, dans le second, c'est avec *attirés*; ce sont les *flatteurs attirés*.

RÈGLE. Quand un participe passé est précédé de plusieurs substantifs auxquels il peut se rapporter, il faut chercher, pour l'accord, celui qui est le plus en rapport d'idée avec lui. C'est ce que nous avons déjà observé pour l'accord de l'Adjectif et du Verbe (232, 278, 279).

296. — *Remarque.* D'après le même principe, on écrit :

LE PEU *d'affection que vous lui avez* TÉMOIGNÉE *lui a rendu le courage.*

LE PEU *d'affection que vous lui avez* TÉMOIGNÉ *l'a découragé.*

Dans le premier exemple, on veut faire entendre qu'il y a eu de l'*affection témoignée*, quoique faiblement, et dans le second, qu'il n'y en n'a point eu. Le mot *peu* y est employé, par euphémisme (*a*), dans le sens de *manque*; c'est dans le même sens que Voltaire a dit :

Il sautèrent à terre sans regarder M. le Prieur ni mademoiselle sa sœur, qui fut très-choquée du PEU *d'attention qu'on avait pour elle.*

Avec le participe on écrirait du *peu d'attention qu'on avait* EU *pour elle :*

Le mot *peu* est aussi pris dans le sens de *très-petite quantité, trop faible quantité :*

(*a*) Adoucissement d'expression.

LE PEU de chevaux que nous avons EU pour le service de l'artillerie nous a fait perdre la bataille.

Dans ce cas *peu* devient le mot dominant dans la pensée, et commande l'accord.

RÈGLE. Quand le participe est précédé du mot *peu*, suivi d'un complément déterminatif, il s'accorde avec celui de ces deux mots qui est le plus en rapport d'idée avec lui.

C'est le mot *peu*, s'il est pris dans le sens de *manque, absence*, ou de *très-petite quantité*.

C'est le complément déterminatif, si le mot *peu* est employé dans son sens ordinaire, de *petite quantité : LE PEU de complaisance qu'il a EUE pour moi m'a fait plaisir. Le peu de chevaux qu'on nous a DONNÉS nous ont bien servi.*

HUITIÈME OBSERVATION.

Participes passés employés dans les temps composés des verbes réfléchis (68), où l'auxiliaire ÊTRE remplace l'auxiliaire AVOIR.

297. — *Elle s'est BLESSÉE. Elle s'est DONNÉ la mort.*

Que de peines elle s'est DONNÉES.

Les fêtes se sont SUCCÉDÉ.

Dans les temps composés des verbes réfléchis, l'auxiliaire *être* remplace toujours l'auxiliaire *avoir ;* mais ce changement n'exerce aucune influence sur l'orthographe du participe passé, qui suit la deuxième règle ou rentre dans les observations qui en dépendent.

Il s'agit seulement de remplacer *être* par *avoir* dans la question à faire pour trouver le complément direct : *Elle s'est BLESSÉE. Elle a blessé qui ? se ou soi. Elle se sont SUCCÉDÉ. Elles ont succédé quoi ? Rien.*

EXEMPLES.

ACCORD.	INACCORD.

Ils se sont RENCONTRÉS.

Ils s'étaient CRUS *perdus.*
Quelle gloire s'est ACQUISE *Alexandre !*
Elle s'est PROPOSÉE *pour vous peindre.*
❀*Elle s'est* LAISSÉE *tomber.*

Des peines, combien je m'en suis DONNÉES *!*

La chose est telle que je me l'étais IMAGINÉE.
C'est le bonheur du peuple, plutôt que sa propre gloire, qu'il s'est PROPOSÉ.
Quelle quantité de matériaux il s'est PROCURÉS *!*
Le peu de peine qu'il s'est DONNÉE *l'a fatigué.*
Le peu de peine qu'il s'est DONNÉ *me prouve son indifférence.*

Ils se sont PARLÉ.
Ils se sont DONNÉ *rendez-vous.*
Elles se sont NUI.

Elle s'est PROPOSÉ *de vous peindre.*
Elle s'est LAISSÉ *tromper.*
Elle s'est FAIT *mourir.*
Des peines, je m'en suis DONNÉ, *je m'en suis trop* DONNÉ.
Que de fautes il s'est TROUVÉ *dans cet ouvrage.*
La chose est plus facile que je ne me l'étais IMAGINÉ.

Remarque. Il y a cependant quelques cas difficiles où la question relative au complément direct n'amène pas une réponse satisfaisante, comme dans les exemples suivants :

Cette étoffe s'est bien VENDUE,

Notre sœur s'est REPENTIE,

Elle s'est APERÇUE *du danger,*

où le participe passé s'accorde avec le pronom qui le précède, et qui, n'étant pas un complément indirect, en est nécessairement le complément direct.

Règle. Le participe passé d'un verbe réfléchi s'accorde avec le pronom complément qui le précède, et qui est identique avec le sujet, si ce complément ne peut être indirect, c'est-à-dire, se tourner par A SOI.

[Cette règle s'applique surtout aux trois cas précédents où la question ne peut se faire d'une manière satisfaisante.]

SECTION III.

EMPLOI DES AUXILIAIRES *AVOIR* ET *ÊTRE* DANS LES TEMPS COMPOSÉS DES VERBES INTRANSITIFS (67).

298. — *J'ai COURU au but, j'y suis ARRIVÉ tout en sueur, j'y ai RESTÉ longtemps exposé à un vent glacial, et j'en suis RESTÉ malade.*

Dans leurs temps composés, la plupart des verbes intransitifs prennent l'auxiliaire *avoir*; quelques-uns n'ont que l'auxiliaire *être*, et d'autres prennent *avoir* ou *être*, selon le sens qu'on veut exprimer.

299. — Parmi les verbes intransitifs qui prennent l'auxiliaire *avoir*, tels que *dormir, marcher, jouir, sauter*, etc., nous n'appellerons l'attention que sur *courir* et ses composés, excepté *accourir*, qui prend les deux auxiliaires, *paraître, comparaître, reparaître, réussir, succomber* et *survivre*, avec les participes desquels on emploie quelquefois, mais à tort, l'auxiliaire *être*. Ne dites donc pas : *J'y suis COURU, ce livre est PARU, des entreprises RÉUSSIES*, etc.

300. — Ceux qui ne se construisent qu'avec *être*, sont : *aller, arriver, décéder, éclore, mourir, naître, venir* et ses composés, excepté *contrevenir* et *subvenir*, qui prennent *avoir*. *Convenir* a les deux auxiliaires (voyez 302). Ainsi ne dites pas : *Il A décédé hier; les poulets ONT éclos ce matin; il y A parvenu.*

301. — *Le lièvre A parti sous mes yeux.*

Le lièvre EST parti.

La fièvre a cessé pendant quelques jours.

La fièvre est cessée depuis quelques jours.

Certains verbes intransitifs prennent *avoir* ou *être* dans leurs temps composés , selon qu'on veut exprimer une *action* ou un *état.*

Avoir exprime l'action même, faite ou à faire ; il désigne aussi une transition d'action ou d'état. *Être* présente l'action comme permanente ; il désigne alors une situation , un état résultant de la cessation de l'action.

[On peut appliquer ce principe aux verbes suivants : *aborder, accoucher, accourir, accroître, apparaître, augmenter, baisser, changer, commencer, crever, croître, déborder, déchoir, décroître, dégénérer, déménager, descendre, diminuer, disparaître, échapper, échoir, échouer, embellir, emménager, empirer, enfler, engraisser, enlaidir, entrer, expirer, finir, grandir, grossir, hausser, maigrir, monter, passer, périr, rajeunir, rester, résulter, sonner, sortir, tarir, tomber, tourner, vieillir,* et sans doute quelques autres.]

OBSERVATIONS. 1° De bons auteurs ont fait usage de l'auxiliaire *être,* dans le sens d'action, avec quelques-uns des verbes tels que *accourir, apparaître, descendre, entrer, résulter, sortir* et *tomber.*

Quant à ce dernier, l'usage est réellement partagé : les uns, et c'est le plus grand nombre, ne le construisent qu'avec *être;* les autres, d'après l'analogie et l'autorité de quelques écrivains, emploient les deux auxiliaires : *Cet enfant a tombé plusieurs fois. Courez relever cet enfant qui est tombé.*

2°. Malgré l'opposition de quelques grammairiens, il est reçu de dire , selon le sens : *Cet homme a expiré dans mes bras, il est expiré.*

302. — *Ces gens nous* ONT CONVENU, *et nous* SOMMES CONVENUS *de nos faits.*

Convenu avec *avoir* réveille une idée de *convenance,* et avec *être* une idée de *convention.*

303. — *En corrigeant le devoir, cette faute m'a échappé.*

En faisant mon devoir, une faute m'est échappée.

Cette faute m'a échappé signifie, *je ne l'ai pas remarquée, elle a échappé à mon attention.*

Cette faute m'est échappée, c'est-à-dire, *je l'ai faite par inadvertance, elle est échappée de ma plume.*

SECTION IV.

EMPLOI DES MODES (78).

§ 1. MODE INDÉFINI (79).

304. — Cette phrase, *c'est pour être utile à tes parents, que je t'ai fait instruire,* serait vicieuse si l'on voulait faire rapporter le verbe *être* à la seconde personne du singulier. Dans ce cas, pour éviter l'équivoque, il faudrait dire : *c'est pour que tu sois utile,* etc. ; autrement l'infinitif serait en rapport avec le sujet du verbe de la proposition primordiale (186).

Cependant, quand il n'y a point d'ambiguïté, on peut employer l'infinitif, et dire, par exemple, comme tout le monde : *La comédie est faite pour rire. Le temps est trop précieux pour le perdre,* etc.

305. — Les phrases suivantes : *Avez-vous peur de tomber ? Il vaut mieux être malheureux que criminel. Je crois avoir fait ce que je devais,* sont préférables à celles-ci : *Avez-vous peur que vous ne tombiez ? Il vaut mieux qu'on soit malheureux que criminel. Je crois que j'ai fait ce que je devais.*

L'infinitif débarrasse la phrase de circonlocutions qui rendent souvent la construction lourde et languissante. Il faut cependant éviter de l'employer quand il occasionne quelque équivoque.

306. — L'emploi du *participe présent,* l'une des formes de l'indéfini, précédé de la préposition *en,* présente quelquefois un sens louche ou équivoque, comme dans ces phrases : *Le pluriel se forme en ajoutant une* s *au singulier. Cet enfant a été guéri en lui faisant prendre*

un vomitif. Il faut dire, en mettant ce participe présent en rapport avec le sujet de la proposition : *On forme le pluriel* EN *ajoutant une* s *au singulier.* ON *a guéri cet enfant* EN *lui faisant prendre un vomitif.*

§ 2. MODE AFFIRMATIF ET MODE SUBJONCTIF (79).

307. — On dit avec l'*Affirmatif* :

J'habiterai un pays qui me PLAIT, *où je* SERAI *tranquille, que je* POURRAI *parcourir sans crainte, et dont la température* EST *douce.*

Et avec le *Subjonctif* :

J'habiterai un pays qui me PLAISE, *où je* SOIS *tranquille, que je* PUISSE *parcourir sans crainte, et dont la température* SOIT *douce.*

Dans le premier exemple, on met à l'Affirmatif les verbes des propositions complétives (186), parce que celui qui parle veut exprimer une idée positive, certaine, sur laquelle il n'a aucun doute ; il connaît le pays et ses avantages.

Dans le second, les mêmes verbes sont au Subjonctif par la raison contraire : celui qui parle veut exprimer quelque chose d'incertain, de douteux, sur quoi se porte son désir, sa volonté.

La même différence existe dans les phrases suivantes :

AFFIRMATIF.	SUBJONCTIF.
Je ferai mon devoir de manière qu'on n'aura rien à me reprocher.	*Je ferai mon devoir de manière qu'on n'ait rien à me reprocher.*
Je te donnerai des raisons qui te convaincront.	*Je te donnerai des raisons qui te convainquent.*
Montrez-moi la faute que j'ai faite.	*Montrez une faute que j'aie faite.*
Qu'il est insensé ! Il ne croit pas qu'il y a un Dieu.	*On ne croit plus qu'il y ait des revenants.*
Pensez-vous que sa protection m'est nécessaire ?	*Pensez-vous que sa protection me soit nécessaire ?*
—(Moi, je le pense.)	*—(Moi, je ne le pense pas.)*

D'après ces exemples, il est évident que, pour l'emploi de l'Affirmatif et du Subjonctif, il ne faut s'arrêter ni au matériel des mots, ni même à la forme de la proposition primordiale. Le sens affirmatif ou le sens dubitatif que veut exprimer celui qui parle, doit seul déterminer l'emploi de l'un ou de l'autre mode.

308. — Le Subjonctif est un mode *dubitatif* qui, dans la proposition complétive, liée à la primordiale par un pronom conjonctif (60) ou par la conjonction *que*, sert à exprimer une pensée qui a quelque chose de vague, d'incertain ; il complète conséquemment les verbes et les expressions qui réveillent des idées de *doute*, de *supposition*, de *négation*, de *volonté*, de *nécessité*, de *désir* et de *crainte*.

C'est pourquoi l'on dit : *Je doute qu'il vienne, dans la supposition qu'il vienne ; je nie qu'il soit instruit ; je veux qu'il sorte ; il faut qu'il me suive ; je souhaite qu'il vive ; de peur qu'il ne pleuve ; à moins qu'il ne soit malade ; avant qu'il meure ; quoi que vous fassiez ; quelque talent que vous ayez, si puissant que vous soyez, vous ne réussirez pas,* etc.

OBSERVATION. Il y a cependant quelques cas où le verbe au Subjonctif n'éveille pas directement une idée de doute ; il semble au contraire exprimer un fait certain, comme dans les exemples suivants :

1° *Il sortira, quoiqu'il SOIT malade.*

L'idée d'*obstacle* que réveille le mot *quoique* est une idée dépendante, accessoire de celle de négation ou de volonté, qui exige le Subjonctif ; de là l'emploi de ce mode après les expressions conjonctives *quoique, bien que ; encore que.*

2° *Il était temps que tu ARRIVASSES.*

Le verbe de la proposition primordiale, qui est impersonnel, exprime une idée accessoire de nécessité ; de là encore le Subjonctif.

3º *Il suffit qu'il SOIT malheureux*.

On dit : *Il suffit que vous vous MONTRIEZ*, et ici l'emploi du Subjonctif est naturel ; c'est sans doute par extension qu'on en fait usage dans la phrase précédente.

4º *Je suis étonné, je me réjouis, je suis fâché qu'il VIENNE*.

Le Subjonctif peut être encore justifié dans ces phrases par l'idée accessoire de *volonté* qu'expriment les verbes des propositions primordiales : en effet, l'*étonnement*, le *plaisir*, la *peine*, sont des sentiments qui paraissent se rattacher à une volonté tacite, cause première de l'emploi du Subjonctif.

5º *Télémaque est le plus bel ouvrage que la vertu AIT inspiré au génie*.

On emploie ici le Subjonctif, quoique le verbe de la proposition complétive exprime un fait qui paraît être incontestable. En voici, je crois, la raison : l'expression superlative *le plus bel ouvrage*, qui précède le verbe au Subjonctif, étant décisive, péremptoire ou absolue, et pouvant éprouver quelque contradiction, on affaiblit, on modifie l'assertion par l'emploi d'une expression dubitative et en quelque sorte palliative ; cet emploi est, pour ainsi dire, un contre-poids dans la balance du jugement. Aussi peut-on le rapporter à l'*euphémisme* (296) ; c'est une des nombreuses délicatesses de notre langue.

Voilà pourquoi après les expressions exclusives *il n'y a que, le seul, le premier, le meilleur, le plus beau*, etc., on emploie généralement le Subjonctif.

Mais si le second verbe exprime une chose incontestable, il n'y a plus d'expression à adoucir, d'euphémisme à employer, et l'on fait usage de l'Affirmatif :

De ces dames, c'est la plus jeune que je CONNAIS.

Calypso, lasse de la vie, et condamnée à l'immortalité, a dû dire : *Il n'y a que moi qui ne PUIS mourir.*

Voltaire a dit dans le même sens :

> *Egisthe est-il vivant? Avez-vous conservé*
> *Cet enfant malheureux, le seul que j'AI sauvé ?*

Cependant, cédant à l'entraînement de l'habitude, plusieurs auteurs emploient le Subjonctif dans le cas où le sens appelle l'Affirmatif.

6° De même, après certains verbes qui n'expriment pas une idée d'affirmation positive, comme *espérer, soupçonner, se douter,* etc., on emploie l'Affirmatif : *Je soupçonne qu'il viendra.*

309. — *Il semble que vous ÉTES malade.*

Il semble que vous SOYEZ muet.

Il me semble que mon cœur VEUILLE se fendre en deux. (Mme de Sévigné.)

Après le verbe *sembler* pris impersonnellement, on emploie les deux modes : l'Affirmatif, si l'on veut exprimer une chose qui n'a rien d'extraordinaire, un événement naturel; et le Subjonctif, si la chose est invraisemblable ou impossible.

Le même emploi a lieu après *on dirait, on croirait :*

> *On dirait que le ciel, qui se fond tout en eau.*
> VEUILLE *inonder ces lieux d'un déluge nouveau.* (Boileau.)

Après *il paraît, il est vraisemblable,* qui se rapportent à quelque chose de plus positif, on fait usage de l'Affirmatif : *Il paraît que vous êtes malade.*

340. — *Il ordonna que nous SORTISSIONS sur-le-champ.*

Il ordonna que nous SORTIRIONS de la ville, si les vivres venaient à y manquer.

Après le passé des verbes *ordonner, commander, exi-*

ger, etc., on emploie le Subjonctif, si l'ordre tombe sur une chose prochaine; et l'Affirmatif conditionnel, si la chose est éloignée et dépendante d'une condition.

§. 3. MODE INTERROGATIF (79).

311. — *Pleut-il? est-ce qu'il pleut?*

Ces deux phrases n'ont pas le même sens : *Pleut-il?* exprime le doute de celui qui parle : *est-ce qu'il pleut?* sa surprise. La première expression signifie qu'on ignore s'il pleut; la seconde, qu'on croit qu'il ne pleut pas.

312. — L'usage ne permet pas de dire : *mens-je? dors-je? sors-je? cours-je? mords-je? perds-je? sers-je?* etc., soit par raison de clarté, soit plutôt par euphonie.

On remplace ces expressions par les circonlocutions *est-ce que je cours, est-ce que je perds?* etc.; mais alors on évite une faute pour retomber dans une autre, ce tour de phrase n'exprimant pas le même sens que *cours-je? perds-je?* qui cependant ne peuvent s'employer.

SECTION V.

EMPLOI DES TEMPS (80).

§ 1. MODE AFFIRMATIF.

Présent.

313. — *Mais hier, il m'aborde; et, me serrant la main :*
Ah! monsieur, m'a-t-il dit, je vous attends demain.
(Boileau.)

L'emploi du *Présent* pour le *Passé* et le *Futur* rend l'expression plus vive ; elle fait image, en rapprochant l'action du moment de la parole.

Mais alors il faut que tous les verbes qui, dans la même phrase, composent la même énumération et sont dans le même rapport, soient au même temps ; ainsi l'on ne doit pas dire : *Il s'élance sur lui et le terrassa.*

Il ne faut pas croire cependant, comme le ferait entendre la règle donnée par la plupart des grammairiens, que tous les verbes de la même phrase doivent être au même temps : chacun doit avoir la forme qui lui est propre, selon le rapport que l'on veut exprimer.

Dans les verbes précédents, *m'a-t-il dit* est au Passé, quoique les autres verbes soient au Présent. L'auteur a voulu exprimer par l'emploi de ce dernier temps une impression qui agit encore vivement sur sa pensée.

En voici un autre exemple :

Les Romains, malgré l'inégalité du lieu où ils combattaient, repoussent de tous côtés les Gaulois. Brennus les rallie, lève le siége, et campe à quelques milles de Rome. Camille le suit avec la même ardeur, l'attaque de nouveau et le défait. La plupart des Gaulois furent tués sur la place, etc. (Vertot.)

Nota. Le *Présent* pour le *Futur* exprime aussi un temps prochain : *Il arrive ce soir, et il part demain.*

Passé défini et *Passé indéfini* (81).

314. — *Je le vis hier, et le trouvai changé.*
Je l'ai vu hier, je l'ai vu ce matin.

Le verbe au *Passé défini* exprime une action ou un état dans une période de temps entièrement écoulée ; on ne dira donc pas : *je le vis ce matin, cette semaine,* etc.

Le *Passé indéfini* se dit également de cette période et de celle où l'on est encore.

Le premier temps exprime quelque chose de plus précis, de plus restreint que le second : *Alexandre vainquit Darius. Il a vaincu les Perses.*

Nota. On dit, *j'ai fini dans un moment,* pour *j'aurai*

fini dans un moment. La première expression est plus énergique.

Présent et *Passé simultané* (80, 81).

315. — *J'ai toujours éprouvé combien Dieu est juste.*

En voyant ce malheureux déchiré par ses re-mords, j'ai senti combien Dieu était juste.

Dans ces deux exemples on veut exprimer, par la proposition complétive (186), une vérité incontestable, *la justice de Dieu.*

Mais, dans le premier, on la désigne avec une idée générale de temps, comme une vérité de tous les temps.

Dans le second, cette vérité, quoique essentiellement la même, est exprimée au *Passé simultané,* parce que celui qui l'énonce a l'intention de peindre plutôt une coïncidence de temps avec le Passé qu'avec le moment de la parole.

J'ai senti combien Dieu était juste signifie non-seulement *combien la justice de Dieu est grande,* idée fondamentale, essentielle, mais encore, *j'ai senti que, dans ce moment, Dieu exerçait sa justice, qu'il en donnait un exemple,* et la simultanéité est ici une idée accessoire ou acciden-telle.

Dans le premier cas, on veut exprimer une maxime, une vérité indépendante de toute espèce de circonstance, de là l'emploi du Présent ; dans le second on veut en outre rappeler un fait, une particularité, de là celui du Passé simultané.

Le Présent est plus expressif et souvent préférable ; mais le Passé simultané n'est pas une faute, comme le ferait croire la règle ordinaire des grammairiens.

Passé postérieur (81).

316. — *Pensant qu'il pleuvrait, je restai à la maison.*

C'est ainsi qu'il faut dire, et non *qu'il aurait plu,* puisqu'on veut exprimer un temps passé postérieur à un autre.

Ne dites donc pas, *je croyais qu'il serait venu, je m'attendais qu'il m'aurait répondu,* mais bien, *qu'il viendrait, qu'il me répondrait.*

Cette faute est assez commune aujourd'hui.

§ 2. MODE SUBJONCTIF (79).

317. — Ce mode n'a que quatre formes verbales pour exprimer douze temps : 1° *Que je sois, que j'écrive ;* 2° *que je fusse, que j'écrivisse ;* 3° *que j'aie été, que j'aie écrit ;* 4° *que j'eusse été, que j'eusse écrit.*

Première forme. — *Présent* et *futur simples* (80).

318. — *Il est fâché que je sois ici.*

                        (*Je suis ici.*) . . . PRÉSENT SIMPLE.
Il désire que je sois ici demain.
                        (*Je serai ici.*). . . FUTUR SIMPLE.

Veut-on exprimer, au Subjonctif, un Présent ou un Futur simples, on emploie la première forme de ce mode, laquelle ne peut servir pour aucun autre temps.

Cette forme du Subjonctif exprime aussi une idée générale de permanence, un fait habituel : *Dieu nous a créés pour que nous l'aimions, que nous le servions.*

Deuxième forme. — *Imparfait* (page 40).

319. — 1° *Il faudrait que je fusse maintenant à Lyon.*

(*Je serais maintenant.*) etc. . . . PRÉSENT CONDITIONNEL.

2º et 3º *Il fallait que je fusse bien malade.*

(*J'étais ou je fus bien malade.*). . { PASSÉ SIMULTANÉ.
{ PASSÉ DÉFINI.

4º *On craignait que je ne fusse en retard.*

(*On croyait que je serais en retard.*). . . . PASSÉ POSTÉRIEUR.

5º *On voudrait que je fusse ici demain.*

(*Je serais ici demain.*). . . . FUTUR CONDITIONNEL.

La seconde forme du Subjonctif sert donc à l'expression de cinq temps : le *Présent conditionnel*, le *Passé simultané*, le *Passé défini*, le *Passé postérieur* et le *Futur conditionnel*. Toute autre forme employée pour exprimer les mêmes temps serait vicieuse.

OBSERVATION. Dans cette phrase, *on désirait que je fusse ici demain*, l'idée de futurition est évidente, celle de condition l'est moins ; cependant, cette condition est tacite, et l'on peut s'en rendre compte par les interprétations suivantes : *Je serais ici demain, si je faisais ce qu'on désirait. On désirait que je fusse ici demain, si rien n'y mettait obstacle. Je ne croyais pas que vous vinssiez demain* correspond, sans négation, à *je croyais que vous viendriez demain.* Dans ces phrases, *que je fusse, que vous vinssiez,* sont donc au Futur conditionnel.

Troisième forme. — *Passé indéfini* (81).

320. — 1º *On craint que je n'aie été dupe.*

(*J'ai peut-être été dupe.*). . . . PASSÉ INDÉFINI.

2º *Il faudra que j'aie été averti.*

(*J'aurai été averti.*). . . . FUTUR ANTÉRIEUR.

Pour exprimer au Subjonctif un *Passé indéfini* ou un *Futur antérieur*, on emploie donc la 3ᵉ forme.

Quatrième forme. — *Passé antérieur* (81).

321. — 1° *On ne croyait pas que j'eusse été malade.*

(*J'avais été malade.*). . . . PASSÉ ANTÉRIEUR.

2° *On voudrait que j'eusse été instruit.*

(*J'aurais été instruit.*). . . . PASSÉ CONDITIONNEL.

3° *Il faudrait que j'eusse été averti demain à midi.*

(*J'aurais été averti.*). . FUTUR ANTÉRIEUR CONDITIONNEL.

La quatrième forme du Subjonctif est particulière à trois temps : le *Passé antérieur*, le *Passé conditionnel*, et le *Futur antérieur conditionnel*.

Des faits précédents, il resulte que, pour l'emploi des temps du Subjonctif, il faut, avant tout, bien sentir quel temps on veut exprimer, si c'est un *Présent*, un *Passé*, un *Futur*, simples ou modifiés par des idées accessoires de *simultanéité*, d'*antériorité*, de *postériorité* ou de *condition* ; et, d'après les tableaux présentés ci-dessus, on trouvera sans peine la forme verbale destinée à exprimer chacune de ces idées.

Voilà la seule règle rationnelle de *correspondance* des temps ; c'est-à-dire *avec la pensée* et non *avec telle ou telle forme verbale précédente*, comme le prescrit la règle de la plupart de nos grammairiens, règle erronée et d'après laquelle les exemples suivants seraient vicieux :

Je ne crois pas que vous me jugeassiez sans m'entendre. (J. J. Rousseau.)

Ce n'est pas que j'eusse mieux fait que vous.
(Madame de Sévigné.)

Dieu a voulu que les vérités divines entrent du cœur dans l'esprit, et non de l'esprit dans le cœur. (Pascal.)

Les Romains de ce siècle n'ont pas eu un seul poëte qui vaille la peine d'être cité. (Boileau.)

Quelle raison aurait-on de vouloir que cette expression soit malhonnête ? (Boileau.)

L'empereur a commandé qu'il meure. (Racine.)

Soit que Julie eût étudié sa langue, et qu'elle la parlât par principes, soit que l'usage supplée à la connaissance des règles, elle me semblait s'exprimer correctement.

(J. J. Rousseau.)

[Il faut donc se garder de toutes ces règles dites de position, qui fondées seulement sur quelques faits souvent mal observés, ne peuvent qu'entraîner dans de graves erreurs.]

TABLEAU DE LA CORRESPONDANCE DES TEMPS DU SUBJONCTIF, QUELLE QUE SOIT LA FORME DU VERBE DE LA PROPOSITION PRIMORDIALE.

Pour exprimer :   Employez :

UN PRÉSENT SIMPLE UN FUTUR SIMPLE	la 1re forme	*que je sois.* *que j'aie.*
UN PRÉSENT CONDITIONNEL UN PASSÉ SIMULTANÉ UN PASSÉ DÉFINI UN PASSÉ POSTÉRIEUR UN FUTUR CONDITIONNEL	la 2e forme	*que je fusse.* *que j'eusse.*
UN PASSÉ INDÉFINI UN FUTUR ANTÉRIEUR	la 3e forme	*que j'aie été.* *que j'aie eu.*
UN PASSÉ ANTÉRIEUR. UN PASSÉ CONDITIONNEL UN FUTUR ANTÉR. CONDIT.	la 4e forme	*que j'eusse été.* *que j'eusse eu.*

SECTION VI.

OBSERVATIONS SUR QUELQUES VERBES.

1° *Je fus* pour *j'allai.*

322. — Il est peu régulier de dire *je fus le voir, on fut au-devant de lui,* etc., pour *j'allai le voir, on alla au-*

devant de lui, etc., quoique plus d'un bon écrivain se soit servi de cette locution.

Un usage plus général a consacré : *j'ai été* pour *je suis allé ;* ce qui a fait établir une différence entre : *il a été vous voir* et *il est allé vous voir; il a été* suppose le retour, et *il est allé*, la coïncidence de l'action avec le moment de la parole.

Si l'emploi du verbe *être* pour le verbe *aller* peut être contesté dans l'exemple précédent, on ne peut le rejeter dans les phrases suivantes : *Mon cœur n'a-t-il pas toujours été au-devant de vos désirs? Le feu a été trop vite. Ma montre va bien, après avoir été longtemps mal.*

2° Éviter de la peine à quelqu'un.

323. — *Éviter quelque chose à quelqu'un* présente un non-sens. On évite une chose pour s'en garantir soi-même, et non pour en garantir une autre personne. Dites donc *épargner* quelque chose à quelqu'un : *Je voudrais vous épargner cette peine, ces désagréments,* etc.

3° Fixer pour regarder fixement.

324. — N'employez pas *fixer* dans le sens de *regarder fixement : Comme il me fixait, j'allai vers lui.* C'est une faute grave, quoique assez commune.

Fixer quelqu'un, c'est le rendre stable, moins volage.

4° Jouir d'une mauvaise santé.

325. — *Il jouit d'une mauvaise santé, d'une mauvaise réputation*, phrases vicieuses parce qu'elles impliquent contradiction : *on jouit de quelque chose d'avantageux, d'agréable.* Dites, *il a une mauvaise santé*, ou *il ne jouit pas d'une bonne santé.*

5° Observer quelque chose à quelqu'un.

326. — L'emploi vicieux de ce verbe a quelque rapport

avec celui d'*éviter* (323). *On observe une chose pour soi,
on ne peut l'observer à quelqu'un.*

On la lui fait observer, on le prie de l'observer, mais
on ne la lui observe pas : cela n'a pas de sens. Ne dites
donc point : *Je vous observe que vous vous trompez.*

6° *Promettre* pour *assurer.*

327. — *Je vous promets que je ne l'ai pas fait.*

L'idée de *promesse,* qui a toujours rapport à un temps
futur, ne peut s'allier à celle de passé ou de présent : on
ne promet pas une chose faite ou qui se fait.

On emploie dans le même sens, mais également à
tort, le verbe *espérer,* comme dans *j'espère que vous
avez bien travaillé, j'espère que vous vous portez bien.*
Dites, *j'aime à croire,* ou prenez un autre tour. Cependant l'emploi de ce verbe dans ce sens commence à être
en faveur, sans doute par la difficulté de trouver un
équivalent qui rende exactement la même pensée.

7° *Se rappeler* DE *quelque chose.*

328. — Cette expression est généralement réprouvée :
on se rappelle une chose, c'est-à-dire, on l'appelle de
nouveau dans sa mémoire. Dites donc : *je me rappelle
cela, je me le rappelle, rappelez-le-vous,* etc., et non :
*je me rappelle de cela, je m'en rappelle, rappelez-vous-
en,* etc.

On peut dire cependant : *je me rappelle de l'avoir vu.*
Avant l'infinitif la préposition *de* est autorisée.

On dit, dans un sens partitif : *se rappeler des choses
sérieuses, se rappeler des faits importants.*

8° *Observations sur quelques verbes réfléchis* (68).

329. — Ne dites point : *Vous êtes mouillé, changez-
vous. Si vous avez du café, sucrez-vous.* Dites : *Changez*

de vêtement, prenez du sucre, ou employez un autre tour.

330. — *Se disputer,* dans le sens de *se quereller,* est une faute, comme dans *ces enfants se disputent sans cesse.*

331. — Ne dites point : *Il va promener, nous allons coucher, vous irez baigner.* Dans ce sens, ces verbes sont réfléchis, et ne peuvent s'employer sans le pronom complément. Dites : *Il va se promener, nous allons nous coucher, vous irez vous baigner.*

332. — Le verbe *se fatiguer* s'emploie quelquefois absolument sans le pronom complément, comme dans : *ce cheval fatigue beaucoup;* c'est alors un verbe intransitif.

CHAPITRE VI.

DE L'ADVERBE.

§ 1. DES ADVERBES PROPREMENT DITS.

Adverbes employés à tort avec des compléments.

333. — On emploie souvent mal à propos certains adverbes comme prépositions, en leur donnant des compléments.

Ils étaient alentour de lui, j'arriverai auparavant vous, ils sont dehors de la maison, dedans le jardin, dessus la terrasse, dessous la charmille, etc.

Il faut dire, *autour de lui, avant vous, hors de la maison, dans le jardin, sur la terrasse, sous la charmille,* etc.

On dit cependant : *Je l'ai cherché dessus et dessous la table, la commode,* etc. ; *il sauta par-dessus la bar-*

rière, etc. ; *il y en a dedans et dehors la ville, la maison*, etc.

Alentour dérive de l'ancienne expression *à l'entour*, où *entour* est substantif.

> . . . . *A son réveil, il trouve*
> *L'attirail de la Mort à l'entour de son corps.* (La Fontaine.)

Il est à regretter que cette expression ne soit plus usitée.

334. — Ne dites pas non plus : *aussitôt mon arrivée, son départ*, etc., mais bien , *aussitôt après mon arrivée*, comme on dit : *immédiatement après*, etc. ; l'ellipse de cette préposition *après* n'est pas encore autorisée, quoique assez fréquente.

Davantage.

335. — *Davantage* rejette de même un complément. On ne dit plus : *J'aime davantage la campagne que la ville, j'y ai davantage de plaisir;* il faut, dans ce cas, faire usage de *plus*, qu'on emploie aussi avant un adjectif, comme dans *il est plus aimable, plus chéri*, etc.

Il faut dire : *De tous les arts, la musique est celui que j'aime le plus*, et non *davantage*, ce mot n'exprimant pas l'idée du superlatif.

Aussi, autant.

336. — *Il est aussi modeste qu'instruit, aussi modestement habillé qu'il est possible.*

Il est modeste autant qu'instruit.

Il est autant estimé, autant aimé que craint.

Comme expressions comparatives, *aussi* se place immédiatement avant les adjectifs et les adverbes, et *autant* s'emploie dans les autres cas.

Nota. Avant les participes passés on emploie les deux adverbes, mais avec cette légère différence : *Paris est-il aussi peuplé que Londres ? Le menteur est autant méprisé que l'homme véridique est estimé.*

L'idée de qualité appelle *aussi ;* celle d'action , *autant.*

Si, aussi ; tant, autant.

337. — *Il est aussi heureux. Il n'est plus si heureux,
aussi heureux.*

*Elle est autant aimée. Elle n'est plus tant aimée,
autant aimée.*

Comme expressions comparatives , *aussi* et *autant*
s'emploient dans les propositions positives, et *si, tant,*
dans les négatives, où l'on peut cependant faire usage
de *aussi, autant,* qui sont plus expressifs.

OBSERVATIONS. 1° Lorsque *si* et *tant* ne sont pas des
expressions comparatives, ils éveillent une idée d'extension : *Il est si faible, il est si fatigué, il a tant
marché.*

2° Les deux termes de comparaison s'unissent par la
conjonction *que,* et non par *comme,* ainsi qu'on le faisait
autrefois : *aussi sage que vaillant, aussi riche que
vous,* etc.

Aussi, non plus.

338. — *Aussi* et *non plus* signifiant *pareillement,* s'emploient, le premier dans un sens positif, et le second
dans un sens négatif : *et moi aussi, ni moi non plus.*

De suite, tout de suite.

339. — Il faut bien se garder de confondre ces deux
expressions. *De suite* signifie successivement, sans interruption : *Le loup court de suite. Prenez ces trois pilules de suite,* etc. *Tout de suite* signifie aussitôt, immédiatement : *Courez-y tout de suite. Buvez cette potion
tout de suite.*

Tout à coup, tout d'un coup.

340. — La première de ces deux expressions signifie

soudainement ; et la seconde, *tout en une fois : Il se présenta tout à coup. Il gagna mille écus tout d'un coup.*

Tout, quelque.

341. — On dit : *Toute belle qu'est cette maison, quelque belle que soit cette maison, je ne l'achèterai pas.*

Dans le premier cas, la beauté de la maison est connue de la personne qui parle, de là l'emploi de l'Affirmatif ; dans le second, c'est une supposition de sa part, ce qui nécessite celui du Subjonctif (307). Avec l'Affirmatif on fait usage de l'adverbe *tout* qui exprime quelque chose de positif, et, avec le Subjonctif, on emploie *quelque*, qui réveille une idée de doute ; il y aurait donc disconvenance dans les termes, si l'on disait : *Toute belle qu'elle soit;* cette faute cependant se fait assez communément.

Observations particulières.

342. — Voici la plupart des expressions adverbiales qui sont signalées comme vicieuses.

Ne dites pas :	Dites :
A la rebours.	*Au rebours.*
A bonne heure.	*De bonne heure.*
Bien du contraire.	*Bien au contraire.*
Comme de juste.	*Comme de raison* ou *comme il est juste.*
Du jour au lendemain.	*D'un jour à l'autre.*
Ce livre ici, ce jour ici.	*Ce livre-ci, ce jour-ci.*
Par exprès (il l'a fait).	*Exprès* (il l'a fait).
S'ils sont pauvres, par contre, ils sont heureux.	*Du moins ils sont heureux.*
Il va pire, tant pire. (Pire est un adjectif.)	*Il va pis, tant pis.*
Une fois pour tout.	*Une fois pour toutes.*

Les phrases suivantes présentent des pléonasmes vicieux occasionnés par les adverbes :

Ne dites pas :	Dites :
Que vous êtes bien bon !	*Que vous êtes bon !*
Je préfère plutôt rester.	*Je préfère rester.*
Il déjeuna et puis ensuite il partit.	*Il déjeuna et puis il partit.*
Il s'ensuit de là que tu as raison.	*Il s'ensuit que tu as raison.*
C'est là où je demeure.	*C'est là que je demeure.*
Il n'a seulement qu'à se montrer.	*Il n'a qu'à se montrer.*
Il faut s'entr'aider mutuellement.	*Il faut s'entr'aider.*
Dépêchez-vous vite.	*Dépêchez-vous.*

§ 2. DE L'USAGE DES EXPRESSIONS NÉGATIVES.

343. — *Non* et *ne* sont les seuls mots essentiellement négatifs ; les adverbes *nullement, guère, jamais, pas, point, plus,* la conjonction *ni,* les adjectifs *aucun, nul,* les substantifs indéterminés *personne, rien,* ne sont que des compléments ou des modifications de la négation, et ne pourraient s'employer sans elle : *Il n'est nullement fâché. Je n'ai guère dormi. Elle ne rit jamais. Je n'ose pas. Je n'ose point. Je n'ose plus. Il ne mange ni ne boit, Il n'a aucun plaisir. Nulle peine ne le trouble. Je n'ai rien fait. Personne n'est venu.*

Aussi doit-on supprimer *pas* et *point* avec les autres compléments négatifs ; les exprimer, ce serait faire un double emploi.

344. — OBSERVATIONS. 1° Avec quelques verbes on supprime *pas* et *point : Je n'ose, je ne puis, je ne sache, je ne saurais,* etc. Le sens négatif est alors plus faible. *Point* s'emploie pour exprimer la plus forte négation : *je n'ose, je n'ose pas, je n'ose point.*

Dans les phrases interrogatives, *point* exprime le doute : *Tout le monde rit ; n'ai-je point dit quelque sottise ?*

345. — 2° On doit encore supprimer *pas* et *point* dans les phrases suivantes et dans leurs analogues : *Que ne le dites-vous ? je ne sais qu'y faire, il y a longtemps que je ne l'ai vu, je ne le verrai d'un mois.*

346. — 3° L'emploi ou la suppression de *pas* ou de *point* change quelquefois le sens de la phrase :

Il ne sait ce qu'il dit (il déraisonne).

Il ne sait pas ce qu'il dit (il ignore la valeur de ce qu'il dit).

Il ne cesse de pleuvoir (il pleut sans cesse).

Il ne cesse pas de pleuvoir (il pleut encore).

347. — *Rien* n'est pas toujours employé négativement, il est aussi substantif, et signifie une *chose*, une *petite chose*, une *futilité, peu de chose*, c'est même sa signification primitive : *y a-t-il rien de plus beau ? un rien l'effraye, il s'occupe à des riens*, etc.

348. — *Il est plus heureux qu'il n'était* ou *qu'il ne l'était.*

Vous répondez autre chose que je ne demande.

Vous parlez autrement que vous ne pensez.

Chacune de ces phrases est composée de deux propositions : la complétive renferme une négation que le sens paraît d'abord rejeter, mais que l'usage autorise, et dont on peut d'ailleurs justifier l'emploi.

Quand on dit, *il est plus heureux qu'il ne l'était,* on a pour but d'exprimer une idée d'opposition ou de dissimilitude entre la proposition complétive et la primordiale ; la complétive devient alors négative dans l'esprit : on veut faire entendre que la personne *n'était pas si heureuse* qu'elle l'est ; de là l'emploi de *ne*.

Les deux autres phrases équivalent à celles-ci, qui sont le fond de la pensée de celui qui parle :

Je ne vous demande pas ce que vous répondez.

Vous ne pensez pas ce que vous dites.

C'est donc par un point de vue particulier, par la syllepse, figure que nous avons déjà signalée (226), que cette négation, qu'on n'emploie dans aucune autre langue, s'est introduite dans la nôtre. Faute de connaître ou d'admettre cette figure, plusieurs grammairiens ont blâmé certaines phrases autorisées par la majorité de nos meilleurs écrivains.

349. — Mais on dira, sans la négation, quoiqu'il y ait comparaison :

Il n'est pas moins heureux qu'il l'était;

Est-il plus heureux qu'il l'était?

parce que l'idée dominante dans l'esprit et qu'on veut exprimer est qu'*il était heureux.*

$$Il\ était\ heureux \begin{cases} Il\ ne\ l'est\ pas\ moins, \\ l'est-il\ plus\,? \end{cases}$$

L'idée de dissimilitude ou de négation, qui caractérise les propositions complétives des autres phrases précitées, ne tombe ici que sur la proposition primordiale.

Voici quelques exemples des deux cas :

On se voit d'un autre œil qu'on ne voit son prochain.
(La Fontaine.)

Le singe n'est pas plus de notre espèce que nous ne sommes de la sienne. (Buffon.)

Assurez-vous qu'on ne peut vous aimer plus que je vous aime. (Racine à son fils.)

Croyez-vous qu'un homme puisse être plus heureux que vous l'êtes depuis trois mois? (J. J. Rousseau.)

350. — *Il s'en faut de beaucoup que la somme y soit.*

Il ne s'en faut pas de beaucoup que la somme n'y soit.

On peut analyser ces deux phrases de la manière suivante :

1° Il (ceci), *que la somme y soit,* s'en faut de beaucoup, c'est-à-dire, la somme est loin d'être complète.

2° Il (ceci), *que la somme n'y soit pas,* ne s'en faut pas de beaucoup, c'est-à-dire, la somme y est à peu de chose près.

Les deux négations paraissent ici se détruire.

§ 3. DU *NE* DUBITATIF.

351. — On dit :

Je crains qu'il NE *pleuve.*

Rentrons avant qu'il NE *pleuve.*

Nous sortirons, à moins qu'il NE *pleuve.*

Dans ces phrases, le mot *ne* n'exprime point une idée négative, comme dans le paragraphe précédent, car, en les traduisant, on aura :

Je crains d'avoir de la pluie.

Rentrons avant la pluie.

Nous sortirons à moins de pluie ou de *mauvais temps.*

Ce *ne* est donc ici une expression dubitative, empruntée à la langue latine (*timeo* NE *veniat*), et dont nous avons ensuite étendu l'usage.

352. — *Je crains qu'il* NE *pleuve.*

Je tremble qu'il NE *vienne.*

Quand le verbe de la proposition primordiale réveille une idée de *crainte*, et qu'il n'est négatif ni interrogatif, celui de la proposition complétive prend le *ne* dubitatif.

On emploie le même adverbe après les expressions conjonctives analogues, comme *de peur que, dans la crainte que,* etc.

353. — *Je ne crains pas qu'il pleuve.*

Si le verbe de la proposition primordiale exprime une

idée de crainte et a un sens négatif, celui de la complétive ne prend point le *ne* dubitatif.

354. — *Mon médecin craint-il que je* NE *sois longtemps malade ?*

Craint-il que je sois assez peu raisonnable pour ne pas suivre ses conseils.

Quand le verbe *craindre* est au mode interrogatif, on emploie ou l'on omet la dubitative *ne*, selon qu'on partage ou non la crainte exprimée par le premier verbe.

On dirait de même : *Craignez-vous que mes affaires* NE *se dérangent, et que je sois assez malhonnête homme pour nier ce que je vous dois ?*

OBSERVATION. Si, dans la proposition complétive, on voulait exprimer un sens négatif, ce ne serait plus le *ne* dubitatif qu'on emploierait, mais bien le *ne* négatif suivi de *pas* ou de *point*, comme dans *Je crains qu'il* NE *vienne pas, de peur qu'on* NE *vous entende point.*

De là on voit la différence essentielle qui existe entre *je crains qu'il* NE *vienne*, et *je crains qu'il* NE *vienne* PAS.

355. — *J'empéche qu'on* NE *sorte.*

Prenez garde qu'on NE *sorte.*

Je n'empéche pas qu'il NE *sorte.*

Si le verbe de la proposition primordiale exprime une idée d'*empéchement*, celui de la complétive prend le *ne* dubitatif (*a*).

Le verbe *défendre* fait cependant exception à cette règle : *Défendez qu'il sorte.*

OBSERVATION. On fait un contre-sens quand on dit avec la négation : *Prenez garde de ne pas tomber, je vous défends de ne rien cueillir.*

(*a*) Quand le verbe *empécher* est négatif, l'Académie emploie ou supprime le *ne*, indifféremment.

356. — *Je ne doute pas qu'il N'y ait du bruit.*

Je ne doute pas qu'il y ait un Dieu.

Doutez-vous que je NE sois mécontent?

Doutez-vous que je sois votre frère?

Je ne nie pas que vous NE soyez heureux.

Je ne nie pas qu'il y ait un Dieu.

Les verbes *douter*, *nier* et leurs analogues employés négativement ou interrogativement, exigent le *ne* dubitatif dans la proposition complétive, à moins que la personne qui parle ne veuille exprimer une chose positive, incontestable, sur laquelle on ne peut élever aucun doute.

Voici quelques exemples des deux cas :

Quoi qu'il en soit, nous pouvons douter que Cicéron, sous César même, N'ait paru toujours attaché à la patrie et à l'ancien gouvernement. (Thomas.)

L'homme vertueux ne doute point qu'il y ait un Dieu, à la vue de ses moissons. (Bernardin de Saint-Pierre.)

On ne peut nier que ce bouleversement N'ait flétri la beauté de la terre. (Racine.)

Personne ne nie qu'il y ait un Dieu, si ce n'est celui à qui il importe qu'il n'y en ait point. (Chateaubriand.)

Je ne nie pas qu'il ait raison. (J. J. Rousseau.)

NOTA. Les équivalents de *nier* sont *disconvenir* et *désespérer*.

357. — *Il ne tient pas à moi que vous NE réussissiez.*

Quand le verbe *tenir* employé impersonnellement dans une proposition primordiale, exprime un *obstacle* apporté par une autre personne que celle qui parle, la proposition complétive prend le *ne* dubitatif.

358. — *Rentrons avant qu'il fasse nuit.*

Rentrons avant qu'il NE pleuve.

Il est certain qu'il fera nuit, mais il ne l'est pas qu'il

pleuve ; de là le *ne* dubitatif dans la seconde de ces phrases.

Après l'expression conjonctive *avant que*, on fait généralement usage du *ne* dubitatif, si la proposition complétive exprime une chose éventuelle, qui peut ne pas arriver ; si l'on a à peindre quelque idée de doute ou de crainte sur l'état ou l'action qu'exprime le verbe de cette proposition.

C'est ainsi que madame de Sévigné a dit : *J'irai vous voir avant que vous NE preniez aucune résolution.*

Marmontel, Buffon, Delille, Barthélemy, etc., nous en offrent aussi des exemples.

359. — *Je sortirai, à moins qu'il NE pleuve.*

Après l'expression *à moins que,* on emploie le *ne* dubitatif, si l'on n'a pas à exprimer un sens négatif, comme dans : *je resterai, à moins qu'il NE pleuve.*

L'idée de *supposition,* exprimée par *à moins que,* appelle naturellement le *ne* dubitatif.

CHAPITRE VII.

DE LA PRÉPOSITION.

§1. A *comparé avec* DE.

360. — *C'est à vous A jouer. C'est à vous DE jouer.*

C'est à vous A réveille généralement une idée de tour : *je viens de jouer, c'est à vous A jouer.*

C'est à vous DE exprime plutôt une idée de *droit,* de devoir : *C'est à vous DE jouer le premier. C'est au fils D'obéir.*

361. — *Il est PRÊT A mourir. Il est PRÈS DE mourir.*

PRÊT A signifie *préparé à, disposé à* ; et PRÈS DE, *sur le point de : Le malheureux !* PRÈS DE *mourir, il n'est point* PRÊT A *mourir.*

362. — *Cet or, n'ayant point cours ici, ne me sert A rien.*

> *Le trésor de l'avare ne lui sert DE rien.*

Ne servir A rien exprime une idée de *nullité relative, momentanée; ne servir DE rien*, de *nullité absolue.*

363. — *On retranche un couplet D'une chanson.*

> *On retranche le vin A un malade.*

Retrancher DE, c'est *diminuer, ôter une partie d'un tout; retrancher A,* c'est *priver* quelqu'un de quelque chose, lui *en imposer* la privation.

364. — *Si chaque jour vous oubliez DE lire, vous finirez par oublier A lire.*

Oublier DE lire, D'écrire, etc., c'est *y manquer par défaut de mémoire; oublier A lire* ou *A écrire,* c'est en *perdre l'habitude, la faculté.*

365. — On emploie de même les prépositions *à* et *de* après d'autres verbes, avec une différence plus ou moins sensible : *Il nous pria A dîner, il nous pria DE dîner; il s'occupe A son jardin, il s'occupe DE son jardin ; cet enfant commence A parler, à peine commençait-il DE parler, qu'on l'interrompit; resté au port, il a échappé AU péril, c'est avec des efforts inouïs qu'il a échappé DU péril,* etc.

366. — Ne dites pas, avec certains puristes : *il saigne AU nez*, pour exprimer que le sang coule par le nez ; mais bien, *il saigne DU nez*, soit dans le sens propre, soit dans le sens figuré.

367. — Ne dites pas non plus : *c'est la fête A ma mère, c'est le livre A mon frère,* etc.

La préposition *à* employée avec le complément déterminatif d'un substantif (184), pour peindre une idée de possession, n'est plus usitée que dans quelques expressions consacrées, comme *la barque a Caron*, etc.

Cependant on peut dire, par ellipse : *voilà une maison a mon père, c'est un livre a mon frère.*

§ 2. *De la préposition* A.

Complément direct, complément indirect.

368. — *On insulte quelqu'un en l'injuriant.*
On insulte a quelqu'un en l'humiliant.

Insulter quelqu'un, c'est *l'outrager, l'injurier; insulter a quelqu'un* exprime une attaque moins directe : c'est lui faire sentir son infortune, son malheur, en prendre avantage avec lâcheté.

D'autres verbes ont de même, selon le sens, un complément direct et un indirect, ce sont : *aider, applaudir, atteindre, commander, croire, fuir, servir, suppléer*, etc. Les dictionnaires en établissent généralement la synonymie.

Nota. *Eclairer a quelqu'un* ne se dit plus. Au propre et au figuré on dit : *éclairer quelqu'un.*

Ellipse.

369. — Il faut dire : *aimer a faire quelque chose*, et non *aimer faire.*

J'aime a voir aux lapins cette chair blanche et molle. (Boileau.)

Entre le verbe *aimer* et l'infinitif qui lui sert de complément il faut exprimer la préposition *à*, excepté après les adverbes *mieux, moins, autant : j'aime mieux me promener*, etc.

370. — L'ellipse de la préposition *à* est aussi vicieuse dans les expressions suivantes et leurs analogues : *Jusque midi, voilà la bague que vous avez envoyée raccommoder, j'ai acheté cela bon marché.*

Nota. On dit mieux *jusqu'aujourd'hui* que *jusqu'à aujourd'hui.*

§ 3. *De la préposition* DE.

371. — *Il ne fait que sortir. Il ne fait que* DE *sortir.*

La première de ces locutions signifie, *il sort toujours;* et la seconde, *il vient de sortir.*

L'emploi de cette préposition change de même le sens dans les locutions suivantes : *Il vient lire, il vient* DE *lire.*

372. — Ne dites pas avec certains méridionaux : *je crois* DE *le voir bientôt, j'aime* DE *lui parler, je compte* DE *partir,* ce sont des italianismes. Dites : *je crois le voir, j'aime* A *lui parler, je compte partir.*

Ne dites pas non plus : *la moitié de seize est* DE *huit. Ce n'est pas pour* DE *rire.*

373. — L'ellipse de cette préposition est vicieuse dans *crainte qu'il ne vienne, quelque chose vrai,* etc.

On dit plus ordinairement : *il y eut cent hommes* DE *blessés, vingt* DE *tués,* etc., que *cent hommes blessés, vingt tués,* etc.

374. — *Lisez* AVANT *moi. Lisez* DEVANT *moi.*

Avant a généralement rapport au *temps,* et *devant* au *lieu. Avant* exprime aussi une priorité d'ordre, il est opposé à *après : Je suis avant vous. Cet adjectif se place avant son substantif.*

375. — *Nous avons déjeuné* AVEC DU *café.*

On peut s'exprimer ainsi, quoi qu'en disent certains grammairiens, qui n'admettent que les expressions *déjeuner* DE *café, dîner* DE *bœuf, souper* DE *fruits,* etc.

Cependant, pour éviter toute critique, on peut prendre un autre tour, et dire, par exemple : *Nous avons pris du café à notre déjeuner,* etc.

376. — *Il a séjourné ici* DURANT *l'hiver.*

Il a séjourné ici PENDANT *l'hiver.*

Durant exprime un *espace de temps continu; pendant* indique un *moment,* un *certain espace de temps dans la durée.*

377. *Quand ce négociant est* EN *campagne, sa femme est* A LA *campagne.*

En campagne signifie *en mouvement; être en campagne,* c'est *être hors de chez soi, en route, en voyage; être à la campagne,* c'est *être* ou *dans une maison de campagne,* ou *en promenade à la campagne.*

378. — *Les fruits d'un arbre tombent* A *terre; et l'arbre lui-même, cédant à l'orage ou au temps, tombe* PAR *terre.*

Ce qui est élevé au-dessus de la terre *tombe* A *terre;* ce qui y touche, *tombe* PAR *terre.*

379. — *On se présente devant un prince* POUR *lui faire sa cour, et* AFIN *d'en obtenir des grâces.*

Pour marque un *but prochain; afin de,* un *but plus éloigné.*

380. — *Il s'est montré ingrat* ENVERS *ses parents.*

C'est ainsi qu'il faut s'exprimer. Employer *vis-à vis de* dans ce sens, c'est faire une faute, qui cependant est assez commune.

381. — *Il s'élança* AU *travers des ennemis et reçut une balle à travers le corps.*

Le complément de l'expression *au travers* est déternatif, et *travers* est alors un substantif : *au travers du corps;* celui de la préposition *à travers* est direct : *à travers un champ,* à *travers les champs ou des champs.*

A travers les périls un grand cœur se fait jour.

Il court à travers de nouveaux périls. (Voltaire.)

Au travers, plus déterminé qu'*à travers,* suppose plus de résistance.

382. — Voici quelques expressions où l'emploi de la préposition est vicieux.

Ne dites pas :	*Dites :*
Mettez votre mouchoir A votre poche.	*DANS votre poche.*
Il est APRÈS à écrire.	*Il est A écrire.*
La clef est APRÈS la porte.	*A la porte.*
Il y a de la boue APRÈS mes bas.	*A mes bas.*
Mettez les chevaux APRÈS la voiture.	*A la voiture.*
J'étais assis CONTRE lui.	*AUPRÈS de lui.*
En outre DE cela.	*OUTRE cela.*
SUR prétexte.	*SOUS prétexte.*
Manger un morceau SUR le pouce.	*SOUS le pouce.*
Je l'ai lu SUR le journal.	*DANS le journal.*

CHAPITRE VII.

DE LA CONJONCTION.

Et, ni.

383. — *Il mange ET boit bien.*
Il ne mange NI ne boit.

Les conjonctions *et , ni,* lient deux propositions, l'une dans un sens positif, l'autre dans un sens négatif.

OBSERVATION. Pour que deux propositions soient liées par *ni,* il ne suffit pas que chacune d'elles soit négative ; car on dit : *Il n'a pas bu sa potion, ET ne s'en est pas trouvé plus mal ;* mais il faut encore que ces propositions soient *similaires ,* c'est-à-dire soumises au même sens négatif, comme dans *Il n'a pas bu sa potion , NI pris les pilules qu'on lui a ordonnées.*

On dit de même par ellipse ou par extension : *Il ne boit point d'eau NI de vin ,* les deux substantifs dépendant du même sens négatif. *Il ne boit point d'eau* ET *de vin* aurait un tout autre sens; car il n'y a ici qu'une proposition négative, tandis qu'il y en a deux dans la phrase précédente.

C'est dans le même sens qu'on dit : *Je vous défends d'ouvrir la porte* NI *la fenêtre;* la négation est ici dans la pensée : c'est une syllepse (226). Remplacez *ni* par *et ,* le sens sera totalement différent.

384. — On dit également bien : *sans boire* ET SANS *manger ,* et *sans boire* NI *manger.*

Buffon a dit : *Il la trouve sans peine* NI *travail.*

385. — *C'est une grande misère que de n'avoir* PAS *assez d'esprit pour bien parler ,* NI *assez de jugement pour se taire.* (La Bruyère.)

Dans la première de ces deux propositions, le complément *pas* peut être remplacé par la conjonction *ni :* NI *assez d'esprit,* etc.

C'est ainsi que Châteaubriand a dit : NI *les déserts ne sont assez profonds ,* NI *les mers assez vastes , pour dérober l'homme aux douleurs qui le poursuivent.*

La répétition de *ni* donne plus d'énergie à la pensée; de là une différence entre : *L'adresse* NI *la force ne peuvent le soumettre ,* et NI *l'adresse* NI *la force ne peuvent le soumettre.*

386. — La conjonction *que* tient la place d'une autre conjonction précédemment énoncée.

Comme il était instruit et QUE *chacun le consultait.*

Lorsqu'il fut arrivé et QU'*il se fut reposé.*

387. — *Malgré que* est suranné; on dit aujourd'hui *quoique : Je sortirai,* QUOIQU'*il pleuve.*

A cause que, durant que et *en cas que ,* commencent à n'être plus en usage; on dit mieux, *parce que, pendant que* et *au cas que.*

LIVRE CINQUIÈME.

DE LA PONCTUATION.

388. — La ponctuation sert à diviser la phrase en diverses parties, selon le sens de chacune d'elles, et conséquemment à marquer les différents repos qu'on y doit observer.

389. — Les signes de ponctuation sont : la *virgule*, le *point-virgule*, les *deux points* et le *point*.

On y ajoute : le *point exclamatif*, le *point interrogatif* et les *points suspensifs*.

CHAPITRE Ier.

DE LA VIRGULE.

390. — *Les prairies sont couvertes de fleurs ; les collines, de verdure.*

On remplace généralement par la virgule, l'ellipse d'un verbe, à moins que dans la phrase il n'y ait quelque chose qui s'y oppose.

391. — *La richesse, le plaisir, la santé, deviennent des maux pour qui ne sait pas en user.*

Cet homme fut bon, vertueux, sensible, humain.

Il sait régler ses goûts, ses travaux, ses plaisirs.
(Voltaire.)

L'attelage suait, soufflait, était rendu.
(La Fontaine.)

On se menace, on court, l'air gémit, le fer brille. (Racine.)

On emploie la virgule entre les mots qui forment une énumération simple.

392. — *Semblables à deux bêtes féroces, ils étaient toujours prêts à se déchirer l'un l'autre.* (Fénelon.)

Après tout membre de phrase qui en fait nécessairement attendre un autre, il faut mettre une virgule.

393. — *Craignez, repartit Mentor, qu'elle ne vous accable de maux.* (Fénelon.)

De votre nom, Joas, je puis donc vous nommer.
(Racine.)

Toute incise se place entre deux virgules.

394. — *Le temps, qui fuit sur nos plaisirs, semble s'arrêter sur nos peines.*

Il faut, avant de promettre quelque chose, être sûr qu'on l'accordera.

Ils sortirent, l'un après l'autre, de leur chambre.

Lorsque le sens d'une phrase se trouve interrompu par une proposition complétive explicative (188) ou par un complément adverbial (77) qu'on peut transposer, il faut mettre entre deux virgules cette proposition ou ce complément, surtout s'il est composé de plusieurs mots.

Si la proposition incidente est déterminative et de quelque étendue, elle se termine par une virgule, exigée alors par le besoin de la respiration. Exemple : *Le temps qui s'écoule depuis l'automne jusqu'au printemps, nous paraît fort long.*

395. — *Libre et content, tu es resté juste et bon.*

Heureux ou malheureux, je partagerai ton sort.

Il est libre, et content de son sort.

J'irai à Lyon, ou je resterai ici.

Les conjonctions *et*, *ou*, ne sont précédées d'une virgule que quand elles ne lient pas les parties similaires d'une phrase.

Nota. Quoique appartenant à la même classe de mots, les parties ne sont pas similaires quand la seconde a un complément qui ne dépend pas de l'autre : *Il est libre, et content de son sort.*

396. — *Je plains l'homme accablé du poids de son loisir.*

Dans cette phrase, les mots s'appellent nécessairement l'un l'autre ; et, si on les divisait par des virgules, on en couperait le sens.

Entre deux mots intimement liés l'un à l'autre il ne faut point de virgule.

CHAPITRE II.

DU POINT-VIRGULE.

397. — *L'honneur ressemble à l'œil, qui ne saurait souffrir la moindre impureté sans s'altérer ; c'est une pierre précieuse dont le moindre défaut diminue le prix.* (Bossuet.)

Lorsqu'une phrase dont le sens est complet est suivie d'une autre phrase qui en est la conséquence ou le développement, on doit les séparer par un *point-virgule,* à moins qu'il n'y ait entre elles une liaison trop intime ; et alors on emploie seulement la virgule, comme dans *je hais l'or, parce qu'il a souvent donné de mauvais conseils.*

398. — *Plaute, qui a fait rire les Romains pour les corriger ; Phèdre, qui a fait parler les animaux d'une manière si utile aux hommes ; Tibulle, qui a soupiré des vers si aimables ; Horace, qui a si bien peint la raison des couleurs de la poésie ; ont leurs rivaux en France, et peut-être leurs vainqueurs.*

Il faut qu'en cent façons, pour plaire, il se replie ;
Que tantôt il s'élève, et tantôt s'humilie ;
Qu'en nobles sentiments il soit partout fécond ;
Qu'il soit aisé, solide, agréable et profond.   (Boileau.)

Il faut se représenter que sous ses pas l'éléphant ébranle la terre ; que de sa main il arrache les arbres ; que d'un coup de son corps il fait brèche dans un mur.

(Buffon.)

Chaque partie d'une énumération de propositions d'une certaine étendue est séparée par le *point-virgule ;* et cette ponctuation devient plus nécessaire, lorsque les propositions sont elles-mêmes subdivisées par des virgules.

CHAPITRE III.

DES DEUX POINTS.

399. — *En ce moment, je sentis mon cœur partagé ; j'étais touché de la naïveté de Néoptolème, et de la bonne foi avec laquelle il m'avait rendu mon arc : mais je ne pouvais me résoudre à voir encore le jour, s'il fallait céder à Ulysse.*

(Fénelon.)

Lorsqu'une phrase est divisée en deux grandes parties, et que les propositions qui les composent sont déjà divisées par la virgule et le point-virgule, on indique les deux grandes divisions par les *deux points.*

400. — *Roxane, demandant au sultan à régner avec lui, dit : Est-on faite de manière à déparer un trône ?*

On emploie les *deux points* avant un discours direct ou une citation.

Nota. La virgule peut remplacer les deux-points avant une citation composée de peu de mots.

401. — *On demande quatre choses à une femme : que la vertu habite dans son cœur ; que la modestie brille sur son front ; que la douceur découle de ses lèvres, et que le travail occupe ses mains.*

Il faut, autant qu'on peut, obliger tout le monde :
On a souvent besoin d'un plus petit que soi. (La Fontaine.)

On emploie les *deux points* avant une phrase qui, n'étant pas liée grammaticalement à la précédente, en est le développement ou l'explication.

On en fait aussi usage après une énumération : *L'exercice, la sobriété et le travail : voilà trois médecins qui ne se trompent pas.*

402. — *Un avare est un malade qui meurt étouffé dans son sang : un prodigue est un autre malade qui meurt à force de saignées.*

Deux phrases mises en opposition l'une à l'autre, sans aucune liaison grammaticale, sont ordinairement séparées par les *deux points.*

CHAPITRE IV.

DU POINT.

403. — On distingue quatre espèces de points : le *point simple*, le *point interrogatif*, le *point exclamatif*, les *points suspensifs*.

Du point simple.

404. — *Avec une bonne conduite, on trouve toujours assez de protecteurs.*

> *Térence était de Carthage. On ignore le nom de sa famille.*
>
> *La déesse tenait d'une main un sceptre d'or pour commander aux vagues. Elle avait un visage serein, et plein de majesté. Des tritons conduisaient son char. On voyait au milieu des airs, Eole, empressé et inquiet.* (Fénelon.)

On met le *point simple* soit à la fin d'une phrase isolée, soit à la fin des phrases d'un discours, si elles sont complètes et ne dépendent les unes des autres que par ces rapports vagues et généraux qui règnent dans toutes les parties d'un même discours.

Du point interrogatif.

405. — *D'où viens-je? où suis-je? où vais-je et d'où suis-je tiré?*

> *Un précepte est aride? il le faut embellir;*
> *Ennuyeux? l'égayer; vulgaire? l'ennoblir.* (Delille.)

Le *point interrogatif* se place à la fin de toute phrase interrogative, soit par la forme, soit pas le sens.

Cependant on omet le point interrogatif dans les phrases suivantes et leurs analogues :

1° *Il me demanda quelle heure il était;* parce que l'interrogation n'est pas directe.

2° *Lui adresse-t-on quelque reproche, il s'emporte;* parce que c'est une phrase suppositive et non interrogative; ce tour équivaut à celui-ci : *Si on lui adresse.*

3° *Ne dit-on pas : elle a l'air doux;* parce que les deux points, plus nécessaires ici que le point interrogatif, le remplacent, et que la proposition suivante n'est pas interrogative.

Du point exclamatif.

406. — *Grands dieux! que mon amour ne lui soit point funeste!*
           (Racine.)

Pendant qu'il me parlait, ô surprise! ô terreur! (Racine.)

Le *point exclamatif* se met à la fin de toutes les phrases qui expriment, par exclamation, une émotion de l'âme, telle que la joie, la surprise, la douleur, etc.

Plût à Dieu que chacun pensât comme celui qui a dit : Fais à autrui ce que tu voudrais qu'on te fît.

Ici le point exclamatif est remplacé par les deux points qui, plus nécessaires, indiquent la citation.

Des points suspensifs.

407. — *Et ce même Sénèque, et ce même Burrhus*
    Qui depuis... Rome alors estimait leurs vertus. (Racine.)

Les points suspensifs indiquent une interruption dans le sens.

CHAPITRE V.

DES SIGNES ORTHOGRAPHIQUES.

De la parenthèse.

408. — *Un mal qui répand la terreur,*
    Mal que le ciel en sa fureur
Inventa pour punir les crimes de la terre,
La Peste (puisqu'il faut l'appeler par son nom),
Capable d'enrichir en un jour l'Achéron,
    Faisait aux animaux la guerre. (La Fontaine.)

L'insertion d'une phrase qui, interjetée dans le discours, en rompt la continuité, s'appelle *parenthèse*.

On donne aussi ce nom aux crochets qui l'enferment.

Du tiret.

409. — *Est-ce assez? dites-moi, n'y suis-je point encore? — Nenni. — M'y voici donc? — Point du tout. — M'y voilà? — Vous n'en approchez point.* (La Fontaine.)

Le *tiret* indique le changement d'interlocuteur ; il remplace les *dit-il, reprit-il,* etc.

Des guillemets.

410. — *Quel plaisir de penser et de dire en vous-même :*
   « Partout, en ce moment, on me bénit, on m'aime ;
   « On ne voit pas le peuple à mon nom s'alarmer,
   « Le ciel dans tous leurs pleurs ne m'entend pas nom-
                              [*mer. »*   (Racine.)

Les *guillemets* sont deux espèces de virgules accolées l'une à l'autre, et qui servent à désigner une citation.

Des lettres majuscules ou capitales.

411.—*Achille, Troie, la Grammaire de Domergue, etc.,*
   Un Achille, l'Espoir au front serein, etc.

On doit écrire avec une lettre capitale :

1° Tout substantif propre ;

2° Tout substantif devenu commun de propre qu'il était, à moins que l'idée n'en soit effacée ou que l'usage n'en soit très-fréquent, comme *barème, quinquet ;*

3° Tout nom abstrait personnifié ;

4° Tout mot qui commence une phrase ou un vers ;

5° Tout nom qui désigne le sujet d'un ouvrage.

FIN.

TABLE DES MATIÈRES
PAR ORDRE ALPHABÉTIQUE.

Les chiffres renvoient aux numéros des alinéas.

A.

A, comparé avec *de*, 360 à 369. —ellipse vicieuse de cette préposition, 369, 370. — complément direct, 368. — complément indirect, ib.

Accents, leur emploi, 25, 26.

ADJECTIF, *classification*, 32. — définition, 38, 47.—qualificatif, 48.—déterminatif, ib.—déterminatif-démonstratif, 49. — déterminatif-possessif, 50. — déterminatif-numéral, 51. — déterminatif contracté, 53.—composé, 54.

Adjectif déterminatif.
— *Orthographe*, 233 à 241.
— *Syntaxe*, 243 à 246.

Adjectif qualificatif.
Orthographe.— accord, 104. — formation du féminin, 105 à 114. — du pluriel, 114. Observations sur l'orthographe de quelques adjectifs, 221 à 231. Adj. en rapport avec plusieurs subst. 231, 232.
Syntaxe, construction, 241. — emploi, 242.

Adjectif verbal, son emploi, 281 à 283.

ADVERBE, *classification*, 35, 90. — définition, 38, 91.
— *Orthographe*, 151 à 163.
— *Syntaxe*, 333 à 360.

Adverbes de comparaison, 335 à 339.

Adverbes proprements dits, 333 à 343. — emploi vicieux, 342.

Alphabet, définition, 14.

Analyse logique, 173 à 192.

Articulation, définition, 11.— nombre des articulations, 12.

A travers, au travers, 381.

Attribut de la proposition, 6, 173 à 180.

Aucun, orthographe de ce mot, 237.

Aussi, autant, leur emploi, 336, 337.

Aussi, non plus, leur emploi, 338.

Avant, devant, 374.

C.

Capitales ou *majuscules* (lettres), leur emploi, 411.

Ce, sujet du verbe *être*, 280.

Ce et *se*, 118.

Cent, orthog. de ce mot, 235.

Classification des mots ou *lexicologie*, 39 à 100.

Comparaison, définition, 5.

Compléments du verbe, 74 à 78, 183 à 186.—direct, 75.—indirect, 76.—adverbial, 77.—qualificatif, 184.—déterminatif, ib.

CONJONCTION, *classification*, 36, 94.—définition, 38, 95.
— *Orthographe*, 166 à 169.
— *Syntaxe*, 383 à 388.

Conjugaison, définition, 70. — des verbes, 134 à 151.

Consonnes, définition, 13, 14.

Construction des substantifs employés comme compléments, 219, 220.

D.

Davantage, emploi vicieux, 335.

De, son emploi, 371, 372. — ellipse de cette préposition, 373.

156　　TABLE ALPHABÉTIQUE.

Déjeuner de,—avec, 375.
De suite, tout de suite, leur emploi, 339.
Diphthongue, 19.
Discours, définition, 9.
Dissyllabe, 21.
Durant, pendant, 376.

E.

E, différentes sortes, 18.
Eléments du langage, 10 à 27.
Ellipse, 93.
En campagne, à la campagne, 377.
Envers, vis-à-vis de, 380.
Et, ni, leur emploi, 383 à 386.
Etendue, propriété du substantif, 40. — définition, 43.
Etre employé pour *aller*, 322.
Euphémisme, 296.
Eviter quelque chose à quelqu'un, 323.
EXCLAMATION OU INTERJECTION, classification, 37, 96. — définition, 38, 97.
— *Orthographe*, 169, à 172.
Expressions substantives, 45.—adjectives, 54.—leur orthographe, 230.—pronominales, 63. leur emploi, 263, 264. — adverbiales, 98.— adverbiales vicieuses, 342. — prépositives, 98.—conjonctives, ib.—exclamatives, ib. — négatives, leur emploi, 343 à 360.

F.

Finales caractéristiques des personnes et des nombres dans les verbes, 121 à 132.
Fixer, pour *regarder fixement*, 324.

G.

Genre, propriété du substantif, 41. — définition, 43.
Gens, genre de l'adjectif en rapport avec ce substantif, 225.
Grammaire, définition, 29.
Guillemets, leur emploi, 410.

H.

H muette ou aspirée, 16.

I.

Idée, définition, 1.—idées sensibles, 2. — intellectuelles ou morales, ib.
Invariables, classification, 90 à 100. — employés substantivement, 195.

J.

Jouir, emploi vicieux de ce verbe, 325.
Jugement, définition, 5.

L.

Langage, définition, 3.— parlé, 12. — écrit, 14.
Langue, définition, 4.
Lettres, 14 à 18.
Lexicologie, son but, 28, 30.— idée générale, 30 à 39, 39 à 100.
Lexicographie, son but, 28, 100 à 172.

M.

Malgré que, quoique, leur emploi, 387.
Même, son orthographe, 229.
Mille, son orthographe, 236.
Modes, classification, 78 à 80. —définition, 78.—mode indéfini, 79.—défini, ib.—affirmatif ou indicatif, ib.—interrogatif, ib.—impératif, ib.—subjonctif, ib.
— *Orthographe*, mode interrogatif, 132.—indéfini, 133.
— *Syntaxe*, emploi des modes, 304 à 313. Mode indéfini, 304 à 307.— affirmatif et subjonctif, 307 à 311.— interrogatif, 311 à 313.
Monosyllabes, définition, 21.
Mot, définition, 4.—primitif ou radical, 22. — dérivé, ib.
Mots à décomposer, 99. Famille de mots, 22.

N.

Ne, négatif, 343 à 351.—dubitatif, 351 à 360.
Nombre, propriété du substantif, 42.—définition, 43.—du verbe après les substantifs collectifs, 279.
Notions métaphysiques, 1 à 10.
Nul, son orthographe, 237.

O.

Observer, emploi vicieux de ce verbe, 326.
On, accord de l'adjectif qui s'y rapporte, 226.
Orthographe, définition, 23.—absolue, 24.—relative, ib.
Ou et *où,* 119.

P.

Parenthèse, son emploi, 408.
Parties du discours, définition, 30, 38.
PARTICIPES, définition, 86.—participe présent, emploi et orthographe, 281 à 283.
Participe passé, Orthographe, 283 à 298.—non construit avec *avoir,* 284. — construit avec *avoir,* 285 à 297.—suivi d'une proposition ou d'un infinitif qui en sont les compléments directs, 288, 289.—suivi d'un infinitif sans préposition, 290.—précédé du pronom *en* partitif, 291. — précédé d'un complément avant lequel une préposition est sous-entendue, 292. — d'un verbe impersonnel, 293.—se rapportant au pronom *le* en relation avec un adjectif ou une proposition, 294. — précédé de plusieurs substantifs, et ne devant s'accorder qu'avec un seul, 295. — employé dans les temps composés des verbes réfléchis, où l'auxiliaire *être* remplace *avoir,* 297. Observation générale sur le participe passé, 150.
Pas, adverbe, son emploi, 345, 346.
Personnes grammaticales, 56, 57. — s'accordent avec le verbe, 120. — première du sing., 121 à 127. — deuxième du sing., 127.— troisième du sing., 128.—première du plur., 129.—deuxième du plur., 130. — troisième du plur., 131.
Phrase, définition, 8.—division en propositions, 186 à 192.
Point, adverbe, son emploi, 345, 346.
Point, diverses espèces, 403. — simple, 404. — interrogatif, 405. — exclamatif, 406.
Point-virgule, 397 à 399.
Points (deux), 399 à 403. — suspensifs, 407.
Polysyllabe, définition, 21.
Ponctuation, 388 à 411.
Pour,—afin de, 379.
PRÉPOSITION, *classification,* 35, 92. — définition, 38, 93. — Orthographe, 163 à 166.
— *Syntaxe,* 360 à 383.—emploi vicieux, 382.
Promettre, emploi vicieux de ce verbe, 327.
PRONOM, *classification,* 33, 55 à 64. — définition, 38, 57, 58. — diverses sortes, 62. — subjectif, 59. — complétif, ib. — conjonctif, 60. — démonstratif, 61. — indéfini, 62.
— *Orthographe,* 115 à 120. — accord, 246.
— *Syntaxe,* emploi et construction, 247 à 271. Pronom conjonctif, 255 à 260.—démonstratif, 260.—indéfini, 261, 262.
Proposition, définition, 5, 173. — ses parties constitutives, 173, diverses espèces, 180 à 183.

Q.

Que remplaçant une autre con-
jonction, 386.
Quelque, quel que, emploi, 238.
Qui, sujet du verbe, 277, 278.

R.

Rappeler (*se*), 328.

S.

Si, aussi, leur emploi, 337.
Signes de ponctuation, 26, 389.
Signes orthographiques, 25,
408, 411.
Son ou *voix*, définition, 10, 12.
SUBSTANTIF, *classification*, 31.
définition, 38, 39.—commun,
40.—propre, ib.—indéfini, 44.
— composé, 45.—accidentel,
46.
— *Orthographe*. Formation du
pluriel, 100 à 104. Subst. qui
ont deux formes pour le pluriel,
103. Plur. des subst. propres,
192. Subst. dérivés des langues
étrangères, 193. — composés
194.
— *Syntaxe*, emploi du nombre.
196 à 204. Substantifs de
deux genres, 204 à 217.—sur
le genre desquels on se trompe
quelquefois, 217, 218. — employés comme compléments,
219, 220. — modifiant par
ellipse d'autres subst., 227.
Sujet, de la proposition, 6, 174
à 180.—du verbe 120.
Syllabe, définition, 20.
Syntaxe, son but, 28. — définition, 172 à 388.

T.

Tableau des pronoms, 62.—des
temps, 89.

Tant, autant, leur emploi,
337.
Temps, classification et définition, 80 à 89.—principaux, 80.
—simples, 87.—composés, ib.
— leur emploi, 313 à 322.—de
l'Affirmatif, 313 à 317. — du
Subjonctif, 317 à 322.
Tiret, son emploi, 409.
Tomber à terre, par terre,
378
Tout, son orthographe, 239.
Tout à coup, tout d'un coup,
340.
Tout, quelque, emploi avec l'affirmatif et le subj. 341.

V.

VERBE, *classification*, 6, 34, 64
à 90.— définition, 38, 64 à 67.
— différentes espèces, 67 à 74.
— transitif, 67.—intransitif,
ib.—réfléchi, 68.—impersonnel, 69. — régulier, 71. — irrégulier, ib.— défectueux, 72.
— auxiliaire, 73.
— *Orthographe*, accord, 120.
—type des verbes réguliers de
la 1re conj., 135. — de la 2e,
136. — de la 4e, 138. verbes réfléchis, conjugaison,
139. — irréguliers de la 1re
conj., 141 à 147. — de la 2e,
147.—de la 3e, 148. — de la
4e, 149.— passifs, 140.
—*Syntaxe*, accord du verbe avec
son sujet, 271 à 281.—emploi
des verbes auxiliaires dans les
temps composés des verbes intransitifs, 293 à 304. — observations sur quelques verbes,
322 à 333.
Vingt, son orthographe, 235.
Virgule, son emploi, 390 à 397.
Voix ou *son*, définition, 10, 12.
Voyelles, définition, 13 à 16.

FIN DE LA TABLE.

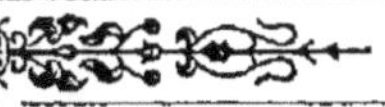

ON TROUVE A LA MÊME LIBRAIRIE :

Arithmétique usuelle, cours théorique et pratique, contenant un grand nombre d'Exercices et de Problèmes sur les Nombres entiers et décimaux, le Système métrique et les Règles de Trois, d'Intérêt, d'Escompte, d'Alliage, etc., suivis d'instructions relatives au commerce ; par *M. Olivier*, professeur de mathématiques au collége de Troyes ; dixième édition, revue et corrigée ; 1 vol. *in-*12, *avec figures*.

Géométrie usuelle, cours théorique et pratique, précédé des premiers principes de l'Algèbre, de la théorie des Puissances et Racines, des Proportions et Progressions, des Logarithmes, et suivi de notions de Trigonométrie et d'éléments de Statique, le tout accompagné d'un grand nombre de problèmes ; par *M. Olivier* ; cinquième édition revue et augmentée ; 2 vol. *in-*8°, *avec figures*.

Physique usuelle, exposé des phénomènes de la nature, renfermant une météorologie élémentaire, c'est-à-dire l'explication des causes du vent, des nuages, de la rosée, de la neige, du tonnerre, etc., et un grand nombre d'expériences faciles sur l'eau, l'air, le feu, l'électricité, etc., par *M. Olivier* ; troisième édition ; *in-*12, *avec figures*.

Petite Arithmétique usuelle, contenant les premières notions du Calcul et du Système métrique, par *M. Olivier* ; *in-*18, *avec figures*.

Petit Traité des Poids et Mesures, présentant la base et l'explication des poids et mesures, leurs multiples et leurs sous-multiples, par *M. G. F. Olivier* ; *in-*18, *avec figures*.

Petit Traité de la Tenue des livres, en partie double et en partie simple, suivi d'instructions relatives au commerce, par *M. Olivier* ; deuxième édition, revue et corrigée ; ouvrage couronné par la Société pour l'Instruction élémentaire ; *in-*18.